colección
BFV ■ Biblioteca de la Filosofía Venidera
dirigida por Fabián Ludueña Romandini

Esta colección quiere abarcar en su espíritu obras que, como quería Walter Benjamin, intenten reflejar no tanto a su autor sino más bien a la dinastía a la cual éstas pertenecen. Dinastías que otorguen los instrumentos para una filosofía por-venir donde lo venidero no sea sólo una categoría de lo futuro sino que también abarque lo pasado, suspendiendo la concepción moderna del tiempo cronológico a favor de una impureza temporal en cuyo caudal pueda tener lugar la emergencia de un pensamiento inactual e intempestivo, capaz de mostrar la potencia filosófica oculta en todas las tradiciones del conocimiento. Filosofía, entonces, como el arte de la fabricación de nuevos conceptos, donde la novedad es siempre entendida tomando en cuenta su anacronismo fundamental y su perpetua inclinación a la polémica.

Foro Bitácora
de la BFV

Colección
de la BFV

Edición:	Marzo de 2025
Lugar de composición:	Suipacha, Pcia. de Buenos Aires
Lugar de impresión:	Barcelona / Buenos Aires
Diseño y composición:	Gerardo Miño
ISBN:	979-13-87546-13-7
e-ISBN:	979-13-87546-14-4
Depósito Legal:	M-6314-2025
Código Thema:	QDHR [Modern philosophy: since c 1800]

© 2025, Miño y Dávila srl / Miño y Dávila editores SL

Página web:	www.minoydavila.com / .com.ar
Facebook:	http://www.facebook.com/MinoyDavila
Mail producción:	produccion@minoydavila.com
Mail administración:	info@minoydavila.com
Oficinas:	Tacuarí 540
	(C1071AAL), Buenos Aires, Argentina.
	tel-fax: (54 11) 4331-1565

BFV ■ Biblioteca de la Filosofía Venidera

HENRI BERGSON

Discurso a los estudiantes de Madrid

Conferencias de Madrid: El alma humana y La personalidad

Traducción de
Manuel García Morente

Introducción y notas de
Jorge Martin

MIÑO y DÁVILA
♦ E D I T O R E S ♦

ÍNDICE

La filosofía [39], La filosofía y el arte [40], El misticismo [41], Las ciencias y la filosofía [42], Determinismo y libertad [43], Voluntad creadora [45], La alegría como signo de la creación [46], El principio de la conservación de la energía [47], El paralelismo psico-fisiológico [48], La conciencia en el curso de la evolución [50], La voluntad, energía explosiva [51], Una oculta metafísica [52], Limitación del problema [53], La conservación y la evocación de los recuerdos [54], Orden gramatical de la afasia [55], El cerebro, órgano de pantomima [56], Relación entre el cerebro y el espíritu [57], El retorno del pasado [58], Selección de los recuerdos [60], Consecuencias:

la supervivencia del alma [61], Consecuencias: exaltación moral [62], El espíritu de sacrificio en la Francia actual [64], La filosofía del espíritu [65].

El espíritu y el cerebro [68], El marco y el cuadro [68], Personalidades virtuales. El arte, creación de personas vivas [69], El problema metafísico y el problema psicológico de la personalidad [71], La unidad de los estados de conciencia [72], Las dos personalidades [73], La ilusión cinematográfica de la discontinuidad [75], El movimiento [75], La inmovilidad: dos movimientos [76], Los argumentos de Zenón de Elea: la flecha [78], Indivisibilidad del movimiento [79], Aquiles y la tortuga [80], La vida interior como un continuo movimiento [81], Los grandes errores políticos [82], El problema psicológico. El esfuerzo para ser persona [83], Disociaciones de la personalidad [85], El caso de William James [86], Estudio del caso [87], Explicación del caso. Los recuerdos [88], La fatiga y su remedio [89], El caso del doctor Azam [90], Explicación del caso [92], La creación y la vida [94], El respeto a la persona [96], Las personalidades nacionales. Dos teorías opuestas [97], Dos ideales contrarios [100], El sacrificio consentido [102], El estado del alma francesa [103]

INTRODUCCIÓN

Presentación de los textos

En su viaje a España del año 1916, el filósofo francés Henri Bergson tuvo tres destacadas intervenciones públicas. La primera, es el «Discurso a los estudiantes de Madrid», que pronunció el primero de mayo en la residencia estudiantil. Las dos restantes, que son las principales, son las conferencias sobre «El alma humana» y «La personalidad», pronunciadas el 2 y el 6 de mayo respectivamente, en el Ateneo de Madrid. José Ortega y Gasset fue el encargado de presentar al ilustre invitado ante un auditorio colmado y entusiasta.

El «Discurso a los estudiantes» fue publicado por primera vez al año siguiente, tanto en su lengua original como en su traducción castellana, en el libro de Manuel García Morente: *La filosofía de Henri Bergson*[1]. En cuanto a las conferencias, el texto del filósofo se ha perdido. Afortunadamente, en el momento de la exposición, se tomó nota taquigráfica para la revista *España*[2]. Si bien tampoco se conserva esta versión estenográfica, contamos con la traducción que hizo García Morente a partir de la misma, motivo por el cual

---

[1]   *La filosofía de Henri Bergson*, Publicaciones de la residencia de estudiantes, Madrid, 1917. El discurso en francés abre el libro en las pp. 13 a 23; y la traducción de García Morente lo cierra en las pp. 145 a 150. En forma más reciente, fue publicado por Ediciones Encuentro, Madrid, 2010.

[2]   Esta publicación semanal madrileña salió entre 1915 y 1924. Fundada por Ortega y Gasset, él fue su primer director, seguido por Luis Araquistáin y Manuel Azaña. Vieron la luz 415 números. Colaboraron en ella Pío Baroja, Miguel de Unamuno, Ramón del Valle Inclán, Antonio Machado, entre muchos otros reconocidos intelectuales españoles.

constituye la principal fuente que poseemos para el conocimiento de estas disertaciones, y base para volcarlas a cualquier otro idioma.

En el número del 18 de mayo de 1916, dicho hebdomadario publicó los últimos cuatro párrafos traducidos de la segunda conferencia bajo el título «Dos ideales»[3]. Poco después, aparecieron las dos conferencias completas en castellano en el volumen *El alma humana*, con un estudio introductorio de García Morente[4]. Cabe señalar que Bergson tenía un gran aprecio por su colega y traductor[5]. No puede dudarse de la fidelidad y de la elegancia de su versión si cotejamos el «Discurso a los estudiantes de Madrid» con el original francés. Sin embargo, con modestia, el filósofo español nos hace la siguiente aclaración: «Debo advertirles una cosa, por mi parte; y es que no juzguen el estilo y el ropaje literario del gran escritor por la insuficiencia de mi traducción. He procurado, en cuanto me ha sido posible, conservar la línea suave, la penetrante evocación del delicado artista; hasta he intentado salvar un resto pálido de la fluidez, de la continuidad oratoria con que se expresa el maestro conferenciante; que no parece sino que introduce las palabras en las palabras, las ideas en las ideas, como si en su discurso no hubiera discontinuidad, como si todo él fuera un movimiento indiviso en la duración pura»[6].

Con respecto a las versiones francesas de estos textos, hay que diferenciar el discurso de las conferencias. El primero, en su lengua original («Discours aux étudiants de Madrid»), se ha incluido en las tres grandes recopilaciones de los escritos de Bergson fuera de sus libros[7]. Las conferencias («L'âme humaine» y «La personnalité»)

---

3   «Dos ideales (Párrafos finales de la segunda conferencia dada por M. Bergson en el Ateneo de Madrid)», *España*, 69 (1916), pp. 5-6.

4   Henri Bergson, *El alma humana, precedido de un estudio de Manuel García Morente, catedrático de filosofía de la Universidad de Madrid*, Biblioteca «España», Madrid, 1916. La primera conferencia, «El alma humana», ocupa las pp. 77-114; la segunda, «La personalidad», se encuentra en las pp. 117 a 167.

5   Cf. J. Chevalier, *Entretiens avec Bergson*, Plon, Paris, 1959, p. 256.

6   *Op. cit.*, pp. 9-10.

7   «Discours prononcé à la Résidence des Étudiants, Madrid, le 1er Mai 1916». En H. Bergson, *Écrits et paroles*, vol. III, PUF, Paris, 1959, pp. 445-448; *Mélanges*, PUF, Paris, 1972, pp. 1195-1200; *Écrits philosophiques*, PUF, Paris, 2011, pp. 483-487.

fueron publicadas, por primera vez en francés, en 1970, en el volumen IX de *Les études bergsoniennes*; en esta edición, a la versión de García Morente, le sigue la traslación francesa de Michel Gauthier[8]. La misma traducción gala fue incluida después en las recopilaciones *Mélanges*[9] y *Écrits philosophiques*[10].

La misión diplomática a España

En 1914, el renombre de Bergson había llegado a su máximo esplendor[11]. Su obra de 1907, *La evolución creadora*, produjo un gran impacto en toda la cultura francesa y le proporcionó a su autor fama internacional. Sus cursos en el Colegio de Francia, que había comenzado a dictar en 1900, gozaban de una enorme reputación y habían sido frecuentados por diversos escritores y artistas. Sus artículos y libros se traducían a numerosas lenguas. Sus conferencias de 1913 en las Universidades de Columbia, Princeton y Harvard le suscitaron copiosos lectores en el país norteamericano. Por otro lado, a principios de 1914, fue nombrado presidente de la Academia de ciencias morales y políticas, y elegido miembro de la Academia francesa.

Con el estallido de la Primera Guerra Mundial, en agosto de 1914, la labor filosófica de Bergson fue, si no interrumpida, al menos alterada por su compromiso político en favor de Francia. En virtud de su reconocimiento público y de su manifiesto patriotismo[12], fue

---

8   *Les études bergsoniennes*, IX, PUF, Paris, 1970, pp. 11-118.

9   *Op. cit.*, pp. 1200-1235.

10   *Op. cit.*, pp. 487-535. Además de la traducción francesa, se destaca la italiana de C. Zanfi, «Le conferenze di Madrid di Henri Bergson. Discorso agli studenti di Madrid. L'anima umana. La personalità», *Dianoia*, X (2005), pp. 97-151.

11   Cf. F. Azouvi, *La gloire de Bergson. Essai sur le magistère philosophique*, Gallimard, Paris, 2007.

12   Según J.-L. Vieillard-Baron: «El patriotismo extremo de Bergson se explica por el hecho de que, nacido en Francia de padres extranjeros (padre polaco y madre inglesa) había escogido confirmar su nacionalidad francesa en su mayoría de edad, como debía hacerlo según la ley francesa. Siendo el país de sus estudios, Francia era su país. Estaba también profundamente agradecido a la República por su ideal educativo, y de la universalidad de su enseñanza. El joven Bergson estaba orgulloso de ser ciudadano francés y seguirá estándolo hasta su muerte» («Le rôle de l'Allemagne dans l'interprétation

convocado para representar a su país en diversas ocasiones oficiales. Realizó tres misiones diplomáticas al exterior, la primera a España (1916), y las dos restantes a Estados Unidos (1917-1918). En estas últimas, que fueron sin duda las más graves, se le encomendó influir sobre el entorno del presidente Woodrow Wilson, o incluso sobre él mismo, para convencerlo de que involucrara a su país en la guerra junto a las fuerzas aliadas.

En el texto «Mis misiones (1917-1918)», que fue publicado de manera póstuma[13], Bergson relata sus viajes, centrándose en la segunda y tercera misión norteamericanas (e incluso hace referencia a una cuarta que se le propuso, más honorífica, y que rechazó por motivos de salud). Al inicio, no obstante, luego de mencionar la popularidad que había obtenido por sus cursos y conferencias (y que nunca había buscado), hace una pequeña alusión a la primera misión en España: «Nuestro gobierno envió allí a algunos miembros del Instituto, con el objeto de dictar conferencias, también y sobre todo a fin de conversar con las figuras influyentes del país, para llevarlos a una idea más justa de lo que era Francia, de lo que representaba en esta guerra»[14].

De esta misión intelectual y política a España participaron, además de Bergson, Pierre Imbart de la Tour, miembro de la Academia de ciencias morales y políticas; Edmond Perrier, presidente de la Academia de ciencias; Charles-Marie Widor, secretario perpetuo de la Academia de las bellas artes; de manera breve, Étienne Lamy, secretario perpetuo de la Academia francesa; y Maurice Legendre, como secretario. En su artículo «Notre mission en Espagne»[15], el historiador e hispanista Imbart de la Tour refiere que la misión fue decidida en noviembre de 1915, preparada durante el invierno, y puesta en marcha el 27 de abril de 1916. Las ciudades que recorrió la comitiva fueron Madrid, Sevilla, Granada, Salamanca y Oviedo.

---

des émotions par Bergson», *Annales bergsoniennes,* VIII, PUF, Paris, 2017, p. 83). Si bien su patriotismo era bastante «simple e incluso simplista», como afirma R.-M. Mossé-Bastide (cf. *Bergson éducateur*, PUF, Paris, 1955, p. 103), de ninguna manera estaba a favor del chovinismo.

13   «Mes missions (1917-1918)», *Hommes et Mondes*, 1947, 12, pp. 359-375.

14   H. Bergson, *Écrits et paroles*, vol. III, p. 628; *Mélanges*, p. 1555.

15   *Bulletin hispanique*, 1916, tome 18, n° 3, pp. 155-174.

Así, en plena batalla de Verdún, se realizó la gira que permitió a estos académicos franceses tomar contacto personal con diversos referentes de la vida cultural y política española, como por ejemplo Miguel de Unamuno (rector, en ese momento, de la Universidad de Salamanca)[16] o el rey Alfonso XIII[17]. Motivados por el antecedente de Portugal, que había entrado en guerra del lado de los aliados, en marzo de ese año, buscaron convencer a sus interlocutores de la bondad de su causa y de la necesidad de su apoyo. Si bien no se consiguió la intervención del país, al menos se reforzaron los vínculos de amistad entre ambas naciones y se aseguró la neutralidad de España durante el conflicto[18].

---

16 Antes de partir para España, Bergson había recibido el primer volumen de los *Ensayos* de Unamuno. Cf. la carta (24 de abril de 1916) en la que le agradece su amable envío (*Correspondances II*, PUF, Paris, 2024, p. 263).

17 Bergson le transmitió a Jacques Chevalier diversos recuerdos del viaje a España, el único que realizó a este país. Cf. *op. cit.*, pp. 33, 47, 172-3, 202, 219-220.

18 Cf. R.-M., Mossé-Bastide, *op. cit.*, p. 110. De regreso a Francia, Bergson hizo una pequeña exposición sobre el viaje a sus colegas de la Academia de ciencias morales y políticas. En una nota periodística publicada en *Le Figaro*, Ch. Dauzats refiere: «Bergson resume en algunas palabras las impresiones que trae de la misión que acaba de realizar en España con los Sres. Lamy, Widor, Edmond Perrier e Imbart de la Tour. El rey ha dado a los delegados del Instituto una bienvenida que no puede dejar ninguna duda sobre sus simpatías por la causa que sostienen los aliados; la gran mayoría de los intelectuales está con nosotros; el clero muestra hacia nosotros las mejores disposiciones; quizás en algunos círculos de la aristocracia y de la alta burguesía aún está un poco de moda afectar gustos germanófilos, pero esta moda parece no deber mantenerse por mucho más tiempo; en cuanto al pueblo, está a favor de la justicia, la civilización y el derecho, es decir a favor de los aliados. En definitiva, concluye Henri Bergson, la impresión general que he informado es que el alma del país está con nosotros» («À l'Institut. Académie des sciences morales», 28 de mayo de 1916, p. 2). Ese mismo día, el filósofo le escribió una carta al director del diario para hacer algunas aclaraciones: «Mi deber es declarar que [sobre la postura del rey con respecto a los aliados] no he afirmado nada por el estilo. Simplemente he dicho que S.M. Alfonso XIII nos ha dado la más benévola acogida y que hemos conversado de los temas más interesantes. En cuanto a las buenas disposiciones de España para con nosotros, me parece que la síntesis, sin ser falsa, fuerza un poco la nota. Hay en España, desde mi punto de vista, muchos menos germanófilos de lo que se dice; sin embargo, hay quizás un poco más de lo que su reseña dejaría suponer» (*Correspondances II*, pp. 264-265).

Habiendo llegado la comitiva a Madrid el 30 de abril, Bergson fue invitado por los estudiantes a pronunciar el día siguiente un discurso en su residencia. Como él mismo lo cuenta, ya había sido convocado antes a título personal (aunque no sabemos si en forma previa a la guerra). En esta oportunidad, en la que se concretó la visita, fue acompañado por sus colegas del Instituto de Francia. En su alocución, el filósofo destaca que, más allá de los conflictos que pudieran haber tenido antaño ambos países, hay una auténtica simpatía y admiración recíprocas entre España y Francia, pues ambas naciones comparten y promueven el ideal noble de la generosidad. Bergson lo observa en dos de sus grandes autores, a quienes admiraba profundamente: Cervantes y Descartes. Para este último, la verdadera *générosité* es la virtud por excelencia, la clave de todas las restantes[19]. Y para su contemporáneo, lo que moviliza a la figura de Don Quijote es su espíritu generoso, heredado de la tradición caballeresca.

En las conferencias, se sugiere, es la proximidad intelectual y moral de los dos pueblos la que debe hacerlos avanzar juntos y enfrentarse a la Alemania prusiana. Por un lado, en la primera exposición, Bergson contrapone dos maneras de hacer filosofía: una general y abstracta, que tiende a erigir un vasto sistema metafísico basado en la dialéctica (en clara alusión a la germana), y otra concreta y precisa, respetuosa de la experiencia individual, interna y externa (propia de los países latinos y anglosajones). Por otro lado, en la segunda exposición, se enfrentan dos concepciones acerca de la fuerza y del derecho. Bergson reflexiona sobre las «personalidades nacionales» y confronta dos tesis: la de los aliados («La sociedad es una persona, y tiene, como toda persona, derechos inviolables») y la de los teóricos prusianos («Un Estado no tiene deberes para con otro Estado; no tiene deberes más que para consigo mismo, y todos esos deberes se resumen en uno solo: ser fuerte, hacerse cada vez más fuerte. De donde resulta, primeramente, que la fuerza es la medida única –entre Estados, por supuesto–, el equivalente y sustituto del Derecho, y cuanto más fuerte sea un Estado, tantas razones tiene

---

19   Cf. H. Bergson, «Message au congrès Descartes», *Écrits et paroles*, vol. III, p. 647; *Mélanges*, p. 1576; *Écrits philosophiques*, p. 698. (El texto se encuentra traducido en H. Bergson - É. Le Roy, *La filosofía francesa*, Miño y Dávila, Bs. As., 2024, pp. 115-119).

de más para existir y subsistir»). Basándose en diversos intérpretes franceses y alemanes, porque su conocimiento de este filósofo era superficial[20], identifica a Hegel, según era usual en su época, como el ideólogo del belicismo prusiano[21].

Una vez concluida la guerra, Henri Bergson puso todas sus esperanzas en la Sociedad de las Naciones, fruto del tratado de Versalles y promovida por el presidente Wilson. El 4 de enero de 1922, el Consejo de dicha asamblea decidió crear una Comisión internacional de cooperación intelectual (CICI), antecesora de nuestra UNESCO. La primera reunión de este nuevo organismo tuvo lugar en Ginebra el primero de agosto de ese año. El filósofo francés fue elegido presidente por unanimidad, cargo que ocupó hasta el 12 de agosto de 1925, día en el que presentó su renuncia a causa de la enfermedad[22]. El objetivo de la Comisión era promover la solidaridad entre las naciones a través de diversos intercambios intelectuales concretos (docentes y estudiantes, bibliografía, material científico, etc.)[23]. En las memorias de Bergson, se refleja la inmensa desilusión que generó en él el fracaso de la Sociedad de las Naciones: «Así se perdió la ocasión única que se había ofrecido al mundo, desde la prédica del Evangelio, de transmitir el espíritu evangélico a las relaciones entre las naciones. La humanidad se habría elevado a alturas inesperadas. En cambio, ha caído más bajo que nunca. *Corruptio optimi pessima*»[24].

Con su dimisión a la CICI se cierra una etapa de la vida de Bergson. Si bien esta década estuvo consagrada fundamentalmente a su compromiso político, sus ideas filosóficas continuaron madurando. Al célebre libro de 1907, le iba a seguir, en 1932, *Las dos fuentes de la moral y de la religión*. En este largo período aparecieron, sin duda, varios textos menores (algunos de las cuales se incorporarían des-

---

20   Cf. la carta de Bergson a R. Berthelot (14 de junio de 1908): «No conozco a Schelling y a Hegel sino muy poco, y a gran distancia; este período de la filosofía alemana jamás me ha atraído» (*Correspondances II*, pp. 108-109).

21   Cf. P. Soulez - F. Worms, *Bergson*, Flammarion, Paris, 1997, pp. 155-162.

22   Cf. *Mélanges*, pp. 1340 y 1477; *Correspondances*, pp. 1163-1164; *Correspondances II*, pp. 524-525.

23   Cf. P. Soulez - F. Worms, *op. cit.*, pp. 193-196.

24   H. Bergson, «Mes missions (1917-1918)», *Écrits et paroles*, vol. III, p. 638; *Mélanges*, p. 1566. El adagio latino significa: la corrupción de lo mejor es lo peor.

pués a las recopilaciones *La energía espiritual* y *El pensamiento y lo moviente*). Las conferencias que nos ocupan reflejan diversos resultados ya alcanzados, pero al mismo tiempo incorporan importantes novedades que prepararon el camino para la gran obra con la que culminaría su itinerario intelectual.

El sentido filosófico de las conferencias de Madrid

Más allá de la dimensión política o propagandística[25] de estos textos, son relevantes desde un punto de vista estrictamente especulativo. Las conferencias «El alma humana» y «La personalidad» pueden ser consideradas como una introducción al conjunto de la obra filosófica de Bergson. Como ya señalamos, encontramos en ellas algunas de las principales conclusiones de sus primeros textos (*Ensayo sobre los datos inmediatos de la conciencia, Materia y memoria, La risa* y *La evolución creadora*). Pero también las problemáticas que dejó planteadas en este último libro, y que desarrollaría los años siguientes a su aparición en diversos cursos y conferencias (curso de 1906-1907, en el Colegio de Francia, sobre las «Teorías de la voluntad»; curso de 1910-1911, en el Colegio de Francia, sobre «La personalidad»; conferencias en la Universidad de Londres, en 1911, sobre «La naturaleza del alma»; conferencias en la Universidad de Columbia, en 1913, sobre «Espiritualidad y libertad», y las *Gifford Lectures* de Edimburgo, en 1914, sobre «El problema de la personalidad»)[26].

De *La evolución creadora* se desprende que el significado de la vida es la creación de creadores. Hasta la aparición de la humanidad, cada nueva especie biológica desembocaba en un callejón sin

25   En una carta a la Gran Cancillería de la Legión de Honor (12 de marzo de 1919), Bergson las llama «conferencias de propaganda» (*Correspondances II,* p. 313).

26   Hasta el final de su vida Bergson sostuvo la centralidad del problema de la personalidad para la reflexión filosófica. En una carta a C. Baudouin (8 de mayo de 1939), le dice: «Me parece que la filosofía se aleja desde hace algún tiempo del problema de la personalidad, que tengo por fundamental» (*Correspondances II,* p. 919). Sobre este tema, cf. C. Riquier: «Bergson et le problème de la personnalité: la personne dans tous ses états», *Les études philosophiques,* 2007, 2, n° 81, pp. 193-214. Este artículo también es la conclusión de su libro, *Archéologie de Bergson. Temps et métaphysique,* PUF, Paris, 2009, pp. 449-476.

salida, repitiendo cada individuo lo que hicieron sus antepasados. Por eso, el esfuerzo creador de la vida consistía en generar una nueva especie, que también se iba a cerrar sobre sí misma, y así de manera sucesiva. Pero con el nacimiento de la especie humana, la historia de la evolución tomó un giro inesperado: la conciencia se liberó, y el impulso vital, superando el automatismo que imponía la materia, ya no tuvo que proyectarse en otra especie, sino que prosiguió su acción creadora en el mundo a través de los seres humanos. Es por eso que, entre el hombre y el animal más desarrollado, no hay una simple diferencia de grado, sino de naturaleza, y, desde una óptica retrospectiva, se puede afirmar que la humanidad es la razón de ser de la vida sobre la tierra.

Si la vida creadora se prolonga en la especie humana bajo diversas formas, cabe preguntarse cuáles son las principales, las que exigen un mayor esfuerzo y, al mismo tiempo, producen más alegría. En un primer momento, luego de la aparición de la obra de 1907, Bergson vacila sobre el camino que deberían seguir sus investigaciones[27]. En 1909, a Isaac Benrubi, que le consultaba por sus proyectos filosóficos inmediatos, le contestó «que esperaba consagrarse por completo a una nueva obra que preparaba, pero de la que no sabía aún si sería una estética o una moral o bien quizás una y otra a la vez»[28]. Dos años después, en 1911, le respondió al escritor Joseph Lotte, que lo entrevistaba: «¿La Moral? Sí, me interesa. Evidentemente, es ahí donde me gustaría llegar. Quisiera hacer algo que sirva para la práctica [...]. La Estética también me retiene. Trabajo mucho. Estética, moral, tiene que haber un parentesco, tiene que haber puntos en común... Pero es muy oscuro, muy oscuro»[29].

Ya en la carta al jesuita Joseph de Tonquédec, del 20 de febrero de 1912, Bergson parece haber tomado una decisión. Sin dejar de lado sus intereses estéticos, opta por concentrarse en la creación moral característica de la persona humana: «las [consideraciones]

---

27   Cf. H. Gouhier, *Bergson dans l'histoire de la pensée occidentale*, Vrin, Paris, 1989, p. 88 ss.

28   I. Benrubi, *Souvenirs sur Henri Bergson*, Delachaux & Niestlé, Neuchâtel-Paris, 1942, p. 32.

29   «Entretien avec le philosophe Henri Bergson», *Mélanges*, p. 881; *Écrits philosophiques*, pp. 393-394.

de *La evolución creadora* presentan a la creación como un hecho. De eso se desprende claramente la idea de un Dios creador y libre, generador a la vez de la materia y de la vida, cuyo esfuerzo de creación se continúa del lado de la vida, por la evolución de las especies y por la constitución de las personalidades humanas. De todo esto se infiere, por consiguiente, la refutación del monismo y del panteísmo en general. Pero, para precisar aún más estas conclusiones y decir algo más, sería necesario abordar problemas muy diferentes, los de índole moral. No estoy seguro de publicar nunca nada al respecto. Solo lo haré si llego a resultados que me parezcan tan demostrables o tan "mostrables" como los de mis otros trabajos»[30].

El estallido de la Primera Guerra Mundial, la creciente mecanización de la vida y la toma de conciencia del inmenso poder destructivo del armamento moderno, reforzarían esta decisión. En toda su obra, y quizás en el origen mismo de ella, la creación artística es el modelo privilegiado a partir del cual se concibe toda creación elevada. Sin embargo, aunque nunca le quita importancia a la intuición estética, reconoce en ella el nivel más bajo de la intuición. Esta última, entendida como coincidencia parcial con una realidad que es duración, presenta grados, y el arte es superado en diversos aspectos. Por un lado, la creación artística es propia de un ser privilegiado. Frente a esta figura única, excepcional, Bergson plantea la «creación de sí por sí», que manifiesta la naturaleza creadora de toda la humanidad, y que consiste en la creación del propio carácter, de la propia personalidad, por un esfuerzo de la voluntad. Por otro, la intuición filosófica es más profunda puesto que, a diferencia de la intuición estética que solo capta los fenómenos vitales particulares, alcanza la vida en general, la naturaleza naturante (además de involucrar a la inteligencia para pensar la materia inerte). Por último, la materialidad de la obra restringe el poder de conversión que produce la experiencia artística, mientras que la creación moral abierta comu-

---

30   Carta a J. de Tonquédec (20 de febrero de 1912), *Écrits et* paroles, vol. II, PUF, Paris, 1958, pp. 365-366; *Mélanges*, p. 964; *Écrits philosophiques*, p. 412. Cf. *Correspondances II*, pp. 104-105, 154-156.

nica la fuerza necesaria para transformar la sociedad e ir más allá de los confines de la humanidad[31].

El texto que confirma la primacía de la creación moral por sobre las demás formas de creación, se encuentra en la conferencia «La conciencia y la vida» (en su versión de 1918-1919): «El punto de vista del moralista es superior [al del artista]. En el hombre únicamente, sobre todo en los mejores de nosotros, el movimiento vital prosigue sin obstáculo, lanzando a través de esta obra de arte que es el cuerpo humano y que ha creado al pasar, la corriente indefinidamente creadora de la vida moral. El hombre, llamado sin cesar a apoyarse en la totalidad de su pasado para pesar tanto más poderosamente sobre el porvenir, es el gran éxito de la vida. Pero creador por excelencia es aquel cuya acción, intensa ella misma, es capaz también de intensificar la acción de los demás hombres, y encender, generoso, focos de generosidad. Los grandes hombres de bien, y más en particular aquellos cuyo heroísmo inventivo y simple han abierto nuevos caminos a la virtud, son reveladores de verdad metafísica. Aunque se encuentren en el punto culminante de la evolución, están lo más cerca posible de los orígenes y hacen sensible a nuestros ojos el impulso que viene del fondo. Considerémoslos de manera atenta, tratemos de experimentar simpáticamente lo que ellos experimentan, si queremos penetrar por un acto de intuición hasta el principio mismo de la vida»[32].

Las conferencias de Madrid son anteriores a este pasaje. En un sentido, lo anticipan; en otro, van más lejos porque en ellas aparece por primera vez la mención de una nueva forma de acceso a lo abso-

---

31 Sobre estas diversas intuiciones y creaciones, cf. N. Kisukidi, *Bergson ou l'humanité créatrice*, CNRS Éditions, Paris, 2013, cap. 3 de la Segunda parte: «L'art comme triomphe incomplet de la vie créatrice», pp. 153-177.

32 *L'énergie spirituelle*, PUF, Paris, 2009, p. 25. En una carta a É. Berth (16 de junio de 1919), Bergson vuelve sobre este pasaje de la conferencia: «Quiero decir que cada forma viva, una vez creada, se repite en un número infinito de ejemplares. Por ahí manifiesta una detención de la vida (también en el hombre). La superioridad del humano (no en belleza plástica –no se trata de eso– sino en efectividad) proviene de que su forma, su organización, más en particular su cerebro, permite al impulso vital [élan vital] pasar más libremente y desembocar en manifestaciones morales, a lo largo de las cuales continúa su camino. Pero la forma material a través de la que pasa no constituye menos una detención» (*Correspondances II*, p. 319).

luto: el misticismo. Luego de la breve referencia a un Dios cósmico en *La evolución creadora*[33], solo un abordaje experimental podía ampliar y profundizar la cuestión religiosa. A la intuición artística, a la intuición filosófica, a la intuición moral, le sigue ahora la intuición más profunda, la mística, que remonta hasta la fuente metafísica de la vida[34]. La referencia a la experiencia mística es, por tanto, la principal novedad que aportan estos textos. Si bien Bergson caracteriza a los místicos con algunos de los rasgos distintivos que luego mostraría en *Las dos fuentes de la moral y de la religión*, como ser hombres y mujeres de acción en los que llega a su plenitud la personalidad creadora, todavía faltaban muchos años de estudio y de maduración

---

33   Cf. *L'évolution créatrice*, PUF, Paris, 2007, p. 249. Henri Gouhier lo caracteriza como un «Dios cósmico» (*Bergson et le Christ des évangiles*, Vrin, Paris, 1999, p. 89 ss.). Sobre Dios o la «supraconciencia» de *La evolución creadora*, Bergson hace las siguientes aclaraciones en una carta a G.M. Sauvage (7 de mayo de 1908): «Me pregunta si Dios, en esta filosofía, es "simplemente inmanente" a la naturaleza, o si es "verdaderamente personal". No es inmanente a la naturaleza, porque es, como he dicho en La evolución creadora (p. 268 y s.), la fuente exterior, trascendente, de donde salen uno después de otro todos los mundos. Pero lo que llamo el *impulso vital* es inmanente a cada uno de los mundos. Este impulso es lo que subsiste, en cada mundo creado, del acto creador mismo, al menos del acto creador en lo que tiene de positivo, porque la materia inerte representa la parte de este acto que está en proceso de deshacerse. Mi "impulso vital" no es en absoluto Dios mismo, pero es lo que hay de verdaderamente divino en cada uno de los mundos, siendo un acto de Dios y vinculándose con Dios como las ramas se vinculan con el tronco. ¿Dios es, entonces, "verdaderamente personal"? Todo depende del sentido que se da a la palabra «persona». Para mí, la esencia de la personalidad es la libertad, tal como la encontramos en nosotros, es decir la facultad de crear absolutamente actos. A esta facultad la coloco de manera eminente en Dios (Evolución creadora, p. 269 y 299-300), y en este sentido (que no es el habitual, reconozco) haría de Dios una persona. Por otra parte, explico que el impulso vital, que representa directamente a Dios en nuestro mundo, pero que está todo el tiempo comprimido por la materia, se recupera y se libera tanto más, se revela tanto mejor en su esencia, cuanto más se acerca a la forma del hombre (aunque hubiese querido ser mucho más aún). Es decir que, si la representación antropomórfica de lo divino es muy inadecuada, es sin embargo lo que nos dará la imagen más aproximada de Dios» (*Correspondances II*, p. 102).

34   Cf. A. Bouaniche, «"Morale ouverte" et "religion dynamique" dans *Les deux sources*: unité ou distinction?». En G. Waterlot (éd.), *Bergson et la religion. Nouvelles perspectives sur* Les deux sources de la morale et de la religion, PUF, Paris, 2008, pp. 213-231.

del tema. Sobre todo, restaba precisar la relación entre la práctica filosófica y la mística, como haría en la obra de 1932: «bastaría con tomar el misticismo en estado puro, libre de visiones, alegorías y fórmulas teológicas por medio de las que se expresa, para hacer de él un poderoso auxiliar de la investigación filosófica»[35]. O más aún, como le dice a Jacques Chevalier en una carta de ese mismo año: «Se entiende que, mientras escribo, no admito otra fuente de verdad que la experiencia y el razonamiento. En estas condiciones, quería mostrarles a los filósofos que existe una cierta experiencia, llamada mística, a la que deben, *en tanto filósofos*, recurrir o, al menos, a la que deben tener en cuenta. Si aporto, en estas páginas, algo nuevo, es esto: intento introducir la mística en filosofía como procedimiento de investigación filosófica. Estoy obligado a demostrar que no hay solidaridad entre la aceptación de este método de investigación y la fe en un dogma, cualquiera sea. Y el único medio de mostrarlo es suponer un instante el dogma abolido, y comprobar que el método conserva todo su valor, toda su fuerza. Es todo lo que dije, y creo en verdad que me era imposible no decirlo»[36].

Hay que señalar, por otra parte, que Bergson tuvo que realizar un largo camino hasta esta primera presentación pública de sus ideas sobre el misticismo, camino del que se pueden indicar algunos de sus momentos fundamentales. Dos autores en particular influyeron en él de manera decisiva para seguir esta orientación: su exalumno Henri Delacroix y su amigo William James, ambos perspicaces psicólogos. En 1899, Delacroix defendió su tesis doctoral titulada *Essai sur le mysticisme spéculatif en Allemagne au XIVᵉ siècle*. En marzo del año siguiente, Bergson le envió una carta de felicitación en la que le dice que leyó atentamente su tesis publicada, y agrega: «Me ha impresionado en particular su capítulo sobre la relación de Eckart con el neoplatonismo»[37]. Recordemos que, ya para esta época, era un

---

35 *Les deux sources de la morale et de la religion*, PUF, Paris, 2008, p. 266.

36 Carta de Bergson a J. Chevalier (2 de marzo de 1932), *Correspondances*, PUF, Paris, 2002, p. 1365. Cf. G. Waterlot, «Le mysticisme, "un auxiliaire puissant de la recherche philosophique"?». En G. Waterlot (éd.), *op. cit.*, pp. 249-277.

37 Carta de Bergson a H. Delacroix (28 de marzo de 1900), *Correspondances*, p. 51.

asiduo estudioso de la *Enéadas* de Plotino[38]. Sin embargo, es claro que el interés de Bergson por esta clase de mística, muy influyente en la filosofía alemana, presenta un límite. No podía sentir una adhesión plena por el misticismo especulativo que, en palabras de Delacroix, «es una construcción filosófica que parte de lo infinito para desembocar en lo real»[39]. De acuerdo con *Las dos fuentes de la moral y de la religión*, su tendencia intelectualista no le permite ser un «misticismo completo»[40]. Si bien la filosofía de Plotino es una doctrina mística, a este pensador «le fue dado ver la tierra prometida, pero no pisar su suelo. Llegó hasta el éxtasis, un estado en el que el alma se siente o cree sentirse en presencia de Dios e iluminada por su luz; pero no franqueó esta última etapa para llegar al punto en el que la contemplación se funde con la acción, y la voluntad humana se confunde con la divina. Creyó estar en la cima, hasta el punto de que ir más lejos hubiera sido para él descender»[41].

En 1902, William James publicó el libro *The varieties of religious experience: a study in human nature*, resultado de las *Gifford Lectures* que pronunció en Edimburgo en los meses de mayo-junio de 1901 y de 1902. En la carta que Bergson le envió a su colega le transmite la «profunda impresión» que le produjo la lectura de esta «apasionante» obra, en la que ha logrado «extraer la quintaesencia misma de la emoción religiosa»[42]. Tiempo después, fallecido su amigo, en el prefacio que escribió para la traducción francesa de *Pragmatismo*, destaca el carácter objetivo que tenía para James la experiencia mística: «Los sentimientos poderosos que agitan el alma en algunos momentos privilegiados son fuerzas tan reales como aquellas de las que se ocupa el físico. El hombre no las crea como tampoco crea el calor o la luz. Nos bañamos, según James, en una atmósfera

---

38   Cf. el «Cours sur Plotin», dictado en la Escuela normal superior, hacia 1898-1899. En H. Bergson, *Cours sur la philosophie grecque*, PUF, Paris, 2000, pp. 17-78.

39   H. Delacroix, *Essai sur le mysticisme spéculatif en Allemagne au XIVᵉ siècle*, Félix Alcan, Paris, 1900, p. 14.

40   *Les deux sources de la morale et de la religion*, p. 233.

41   *Op. cit.*, p. 234.

42   Carta de Bergson a W. James (6 de enero de 1903), *Écrits et paroles*, vol. I, PUF, Paris, 1957, p. 192; *Mélanges*, p. 580.

atravesada por grandes corrientes espirituales. Si muchos de entre nosotros se resisten, otros se dejan llevar. Y hay almas que se abren por completo al soplo benéfico. Son las almas místicas. Se sabe con qué simpatía James las estudió. Cuando apareció su libro sobre la *Experiencia religiosa*, muchos no vieron en él más que una serie de descripciones muy vivas y de análisis muy agudos; una psicología, decían, del sentimiento religioso. ¡Cuánto se engañaban sobre el pensamiento del autor! La verdad es que James se ocupaba del alma mística como nosotros nos asomamos al exterior, un día de primavera, para sentir la caricia de la brisa, o como, a la orilla del mar, observamos las velas de los barcos para saber de dónde sopla el viento. Las almas que llena el sentimiento religioso son verdaderamente elevadas y transportadas. ¿Y cómo no iban a hacernos captar con vivacidad, del mismo modo que en una experiencia científica, la fuerza que transporta y que eleva?»[43].

Unos años después, en 1908, Delacroix publicó una segunda obra, los *Études d'histoire et de psychologie du mysticisme. Les grands mystiques chrétiens,* que produjo un gran impacto en Bergson, a tal punto que, en *Las dos fuentes de la moral y de la religión*, afirma que este libro «merecería llegar a ser clásico»[44]. El 30 de enero del año siguiente, presentó en la Academia de ciencias morales un informe sobre este estudio que aborda la mística de santa Teresa, Mme. Guyon y Suso. Lo esencial de este trabajo, según Bergson, radica en los siguientes puntos: «Delacroix estima, en efecto, que es necesario distinguir entre los místicos de segundo orden, que no son más que "místicos de imitación" y "los grandes místicos creadores e inventores, aquellos que han encontrado una nueva forma de vida"»; «si los grandes místicos presentan algunas diferencias superficiales que dependen de los tiempos, de los lugares, de las circunstancias en que han vivido, hay entre ellos semejanzas esenciales y profundas que no pueden explicarse por la imitación»; «este movimiento tiene un término bien definido, que es una especie de intuición intelectual

---

43 «Sur le pragmatisme de William James. Vérité et réalité» (1911), *La pensée et le mouvant*, PUF, Paris, 2009, pp. 243-244. Cf. «Préface à "W. James. Extraits de sa corrrespondance"» (1924), *Écrits et paroles*, vol. III, p. 584; *Mélanges*, p. 1472.

44 *Les deux sources de la morale et de la religion*, p. 241, nota 1.

continua, de la que parece brotar una espontaneidad creadora: "El místico aparece identificado con un absoluto que se derrama..."»; «en los grandes místicos cristianos, la contemplación no acaba con la acción. Por el contrario, la intuición les da fuerzas para actuar y para luchar, como también la acción, al comprometerlos en la vida cristiana, los lleva al Dios del cristianismo»[45]. Estos aspectos, algunos de los cuales ya aparecen mencionados en las conferencias de Madrid, serían desarrollados, en el marco de la metafísica de la duración, en *Las dos fuentes de la moral y de la religión*.

Con el impulso recibido por las lecturas de James y de Delacroix, Bergson descubrió un nuevo campo de investigación en el que aplicar la intuición. En 1911, en la entrevista a Joseph Lotte que ya hemos mencionado, le dice: «¡Los místicos! ... ¡Ah! ¡Los místicos! No los conocía ... Los trabajo en este momento y estoy muy interesado. ¡San Francisco! ¡Las Florecillas! ... Mme. Guyon es muy instructiva. Desde la edad de cinco años hasta su muerte, nos abre el alma. No tiene educación. Es espontánea. Es una maravillosa experiencia. San Juan de la Cruz, muy profundo, pero intelectualiza demasiado sus intuiciones. Santa Teresa, muy interesante y entrañable... Es un mundo nuevo que he descubierto»[46]. Ese mismo año, le dice en una carta a Joseph Segond: «Usted ha estudiado a los místicos como es preciso estudiarlos, con simpatía, pero sometiéndolos también a una profunda crítica. Creo, por mi parte, que ellos ganan más de lo que pierden al ser criticados así, y que pueden dar al filósofo las indicaciones más valiosas, aquellas precisamente que la intuición aporta a la razón»[47].

---

45 «Rapport sur *Études d'histoire et de psychologie du mysticisme* d'Henri Delacroix» (30 de enero de 1909), *Écrits et paroles*, vol. II, pp. 313-314; *Mélanges*, pp. 789-790; *Écrits philosophiques*, pp 371-372. Unos días después de esta presentación, Bergson le escribió una carta a Delacroix por el envío de su reciente artículo «Note sur le Christianisme et le Mysticisme». Le agradece y le hace el siguiente comentario: «Es interesantísimo, y plantea la cuestión que tengo por crucial en tal materia, la de saber lo que hay de naturalmente sentido y lo que hay de intelectualmente construido en el éxtasis del místico» (18 de febrero de 1909, *Correspondances*, p. 248).

46 «Entretien avec le philosophe Henri Bergson», *Mélanges*, p. 881; *Écrits philosophiques*, p. 394.

47 Carta del 18 de enero de 1911, *Correspondances II*, p. 146.

Unos meses después del viaje a Madrid, en septiembre de 1916, le escribió una carta a la condesa Murat. En ella le manifiesta su interés creciente por los místicos, pero también le indica que debe haber alguna relación entre la moral y la religión, en la que aún debe profundizar: «lo que me escribe del misticismo en general, de Madame Guyon en particular, me interesa profundamente. Me aseguraré de leer sus libros, de los que solo conozco algunas páginas (que me habían impresionado mucho). O me equivoco mucho, o los filósofos le otorgarán una importancia cada vez más considerable a lo que ha sido escrito por los místicos, o al menos por los más grandes, por aquellos que han tenido la visión directa de las cosas espirituales; aquí también es preciso distinguir entre los maestros y los simples imitadores; los imitadores han perjudicado a los maestros. Pero, sin un estudio profundo de los místicos, no creo que se llegue a percatarse por completo de la significación de algunas nociones morales, por ejemplo. Tal es la conclusión a la que me encamina el estudio de estos problemas. La guerra ha venido a interrumpir mis reflexiones»[48].

Es en este momento de su itinerario intelectual en el que se encontraba Bergson al regresar de España. Todavía pasarían muchos años de investigaciones y de meditaciones para llegar a la convicción de que estaba en condiciones de publicar sus conclusiones, lo que sucedería finalmente en 1932, con la aparición de *Las dos fuentes de la moral y de la religión*. Sin embargo, algunos resultados obtenidos en este largo camino ya habían sido incorporados a su filosofía, y se reflejan en las conferencias de Madrid. En un artículo reciente, Vieillard-Baron plantea que, en la teoría bergsoniana de las emociones, hay cuatro etapas. Sobre la última, señala: «La emoción religiosa se vuelve un tema faro a partir del estudio del misticismo y de los intercambios con William James [...]. Acercándose mucho a la concepción antigua de la "filosofía como manera de vivir", Bergson asume la dimensión de sabiduría de su obra, dimensión que, hasta entones, se borraba bajo la dimensión epistemológica. De modo que la emoción religiosa sirve de modelo al filósofo que encuentra

---

48 Carta de Bergson a la condesa Murat (2 de septiembre de 1916), *Correspondances*, p. 675. Cf. la carta de Bergson a A. Loisy (20 de julio de 1917), *op. cit.*, p. 757.

la alegría»[49]. Como es sabido, la filosofía bergsoniana influyó en el pensamiento de Pierre Hadot[50]. El reconocido helenista nos mostraría en estos textos de Bergson que la filosofía no es una construcción sistemática abstracta, que debe ser, ante todo, una filosofía de la naturaleza unida a una actitud ética, que implica una conversión de la percepción que repercute en el modo de vivir, y que es, en definitiva, un ejercicio espiritual.

---

49 *Op. cit.*, p. 79. Sobre James, Bergson había dicho: «La religión parece consistir para él en una cierta orientación *sui generis* de la vida afectiva; es esencialmente una emoción» (carta a S. Reinach, 10 de diciembre de 1908, *Correspondances II*, p. 113).

50 Cf. P. Hadot, «L'apport du néoplatonisme à la philosophie de la nature en occident», *Eranos Jahrbuch 1968*, Rhein-Verlag, Zürich, 1970, pp. 91-132; *La philosophie comme manière de vivre*, Albin Michel, Paris, 2001; *Le voile d'Isis. Essai sur l'histoire de l'idée de nature*, Gallimard, Paris, 2004.

HENRI BERGSON

Discurso a los estudiantes de Madrid*

---

*   Todas las notas, y la traducción de las citas que aparecen en ellas, son de la presente edición. Al final del volumen se encuentran las ediciones utilizadas de las obras de Bergson.

Señores:

Ante todo, dejadme que os manifieste mi alegría de hallarme entre vosotros y mi gratitud por vuestra amable invitación. Hace ya tiempo que me fue hecha, y ha pasado, por decirlo así, por dos fases sucesivas. Fue primero una invitación que los estudiantes dirigieron al profesor de filosofía. Al recibirla, me sentí conmovido, regalado, mas no sorprendido. No fue para mí una sorpresa, porque ya estoy algo acostumbrado a que, dondequiera que voy, los estudiantes me traten como a un camarada. Sin haberme visto nunca, sólo por haberme leído, adivinan que soy un viejo estudiante. ¡Y tienen mucha razón! La filosofía, según yo la entiendo, exige que no se pierda nunca la disposición de espíritu en que estáis vosotros en la Universidad, que no se retroceda nunca ante el estudio de un nuevo concepto, y aun de una ciencia nueva. El filósofo, en mi concepto, es, ante todo, el hombre que está siempre dispuesto, cualquiera que sea su edad, a volver a ser estudiante[1]. Y es que, aun en filosofía, no debe hablarse más que de lo que se sabe; y aun en filosofía, no se sabe una cosa hasta que no se ha aprendido. Durante mucho tiempo, es cierto, fue el filósofo un hombre que para todo tenía respuesta, que asentaba unos principios simples, y deducía de ellos la explicación de lo real y de lo posible. Así construía un sistema, de hermosa arquitectura acaso, pero necesariamente frágil[2]. Venía luego otro filósofo, quien,

---

1   Cf. «Introduction (deuxième partie)»: «Éste es el método que le proponemos [al filósofo]. Exige que esté siempre dispuesto, cualquiera sea su edad, a volver a ser estudiante» (*La pensée et le mouvant*, p. 73).

2   Cf. la carta de Bergson a J. Goldstein (20 de julio de 1909): «Lo propio del método que empleo es no desembocar en un *sistema* propiamente dicho y

con otros principios, labraba un nuevo edificio sobre las ruinas del primero. Concebida de esta suerte, la filosofía corre el riesgo de tener siempre que volver a empezar; muchos pensarán que es un mero entretenimiento del ingenio, una especie de juego[3], y que la ciencia sola es un trabajo serio. Bien distinta es la idea que debemos hacernos de la filosofía. Es ésta una investigación, cuyo método difiere, en algunos puntos, del método de la ciencia positiva, pero tan susceptible de precisión y de rigor como la ciencia misma[4]. Pero el filó-

---

por consiguiente no permitir (en la mayoría de los casos al menos) pasar de un problema a un problema de orden diferente por vía puramente lógica. No habría podido extraer de mi *Ensayo sobre los datos inmediatos* las tesis que expongo en *Materia y memoria*. He debido, para alcanzarlas, consagrarme durante muchos años al estudio de la patología de la memoria. Sin duda, las conclusiones de *Materia y memoria*, una vez obtenidas, resultarán ser la prolongación natural de las del *Ensayo*, pero yo no habría podido efectuar esta prolongación por adelantado porque muchas otras prolongaciones habrían sido posibles por la pura lógica y no habría encontrado aquella. Asimismo, me habría sido imposible inferir de *Materia y memoria* las ideas generales de *La evolución creadora* que, sin embargo, se relacionan con esa obra naturalmente. En el intervalo, he debido pasar largos años estudiando cuestiones biológicas. El método que llamo intuitivo no puede intervenir sino después de la acumulación de una cantidad considerable de informaciones positivas y exige un esfuerzo completamente diferente para cada nuevo orden de problema» (*Correspondances II*, pp. 120-121).

3   Cf. «Introduction (deuxième partie)»: «Razonar sobre las ideas abstractas es fácil: la construcción metafísica no es más que un juego, por poco predispuestos que estemos a él» (*La pensée et le mouvant*, p. 72).

4   Cf. «Introduction (première partie)»: «Lo que más ha faltado a la filosofía es la precisión. Los sistemas filosóficos no están cortados a la medida de la realidad en que vivimos. Son demasiado amplios para ella. Examinen uno cualquiera de entre ellos, convenientemente escogido. Verán que se aplicaría también a un mundo en el que no hubiese plantas ni animales, sino solo hombres; donde estos se las arreglasen sin comer ni beber; donde no durmiesen, ni soñasen, ni divagasen; donde naciesen decrépitos para terminar como niños de pecho; donde la energía remontase la pendiente de la degradación; donde todo fuese a contrapelo y se mantuviese al revés. Y es que un verdadero sistema es un conjunto de concepciones tan abstractas, y por consiguiente, tan amplias, que mantenemos en él todo lo posible, e incluso lo imposible, al lado de lo real. La explicación que debemos considerar satisfactoria es la que se adhiere a su objeto. No hay ningún vacío entre ellos, ningún intersticio en el que pueda alojarse otra explicación. No le conviene más que a él, ni él se presta más que a ella. Tal puede ser la explicación científica. Implica la precisión absoluta y una evidencia com-

sofo deberá resignarse, como el científico, a no estudiar más que un corto número de puntos, a no plantear más que un corto número de problemas; sólo con esta condición obtendrá resultados duraderos[5]. Otros filósofos continuarán su labor; y así la filosofía, como la ciencia, se hará en colaboración, y progresará indefinidamente, en lugar de tejerse y destejerse sin cesar como la tela de Penélope. La unidad de la filosofía ya no será la de una cosa hecha, como la de un sistema metafísico; será la unidad de una continuidad, de una curva abierta que cada pensador prolongará, tomándola en el punto en que otros la dejaron[6]. Pero la filosofía, así concebida, si no exige ya que el filósofo tenga genio, requiere, en cambio, una labor mucho más prolongada, un esfuerzo mucho más penoso que si se tratara simplemente de construir un sistema metafísico con la dialéctica por instrumento y las imaginaciones por material. Pues el método filosófico, tal como yo me lo represento, comprende dos momentos e implica dos acciones sucesivas del espíritu. El segundo momento, el acto final, es el que yo llamo *intuición*, un esfuerzo muy difícil y muy penoso, por medio del cual se rompe con las ideas preconcebidas y con los hábitos intelectuales hechos, para colocarse simpáti-

---

pleta o creciente. ¿Podría decirse otro tanto sobre las teorías filosóficas?» (*La pensée et le mouvant*, pp. 1-2).

5   Cf. la carta de Bergson a J. de Tonquédec (12 de junio de 1911): «La filosofía que expongo no es un sistema. No tiene respuesta para todo. Considera, uno a uno, los problemas, persuadida de que cada uno de ellos exige un esfuerzo de profundización distinto y un trabajo de documentación extremadamente considerable. Un filósofo, dejado a sus solas fuerzas, no puede jamás hacer este estudio profundo más que para un muy pequeño número de cuestiones. Si llega a aclarar uno o dos puntos, ya es bastante. Sobre el resto tendrá naturalmente una opinión, puesto que la vida y la acción exigen que se tenga una. Pero esta opinión, incluso si es la de un filósofo, no será filosófica en tanto que no haya pasado la prueba del método que es propio de la filosofía» (*Correspondances II*, pp. 155-156).

6   Cf. *L'évolution créatrice*, p. X: «Pero una filosofía de este tipo no puede hacerse en un día. A diferencia de los sistemas propiamente dichos, cada uno de los cuales fue la obra de un hombre genial y se presentó como un bloque que hay que tomar o dejar, ella no podrá constituirse más que por el esfuerzo colectivo y progresivo de numerosos pensadores –también de muchos observadores–, que se completen, corrijan, y enmienden unos a otros».

camente en el interior de la realidad[7]. Mas antes de que sobrevenga esta intuición, que es la operación propiamente filosófica, es necesario un estudio científico de los contornos del problema[8]. Ahora bien, esos contornos pueden ser de los más inesperados. El que emprende una cierta dirección filosófica, no puede saber de antemano cuáles van a ser los problemas científicos que encontrará en su camino, y que deberá profundizar para seguir adelante. Podrán ser problemas de mecánica, de física, de biología, de sociología, de una ciencia cualquiera. Pero ¿y si no es matemático, o físico, o biólogo, o sociólogo? Tendrá que llegar a serlo. Pero eso no se hace en un día. Cierto que no; eso puede exigir años; pero el filósofo consagrará a ello los años que hagan falta. Por eso decía yo que el filósofo debe estar dispuesto, en cualquier momento de su carrera, a volver a ser estudiante. Ignoro, por mi parte, si soy filósofo; pero sé bien en qué

---

7   Cf. «Introduction à la métaphysique»: «Llamamos aquí intuición a la *simpatía* por medio de la cual nos transportamos al interior de un objeto para coincidir con lo que tiene de único y, por consiguiente, de inexpresable» (*La pensée et le mouvant*, p. 181).

8   Cf. la carta de Bergson a G. Prezzolini (12 de julio de 1909): «Es [la intuición] un conocimiento dinámico del objeto por dentro, conocimiento que no se obtiene además, en la mayoría de los casos, sino cuando se ha dado la vuelta completa al objeto, considerado estáticamente por fuera. Aunque la intuición sea algo muy diferente del conocimiento científico, aunque ella vaya incluso, en general, en la dirección contraria, no es con frecuencia posible más que a fuerza de saber positivo, a través del saber positivo» (*Correspondances*, p. 274). Y la carta a S. Reinach (4 de agosto de 1926): «Cada uno de los volúmenes, en pequeño número, que he publicado, me ha costado previamente varios años de estudios y de investigaciones científicas. Es la razón, además, por la que son en pequeño número, porque me hubiese sido fácil producir de manera continua si hubiese visto en la filosofía una especulación completamente personal, más o menos fantasiosa, como se la imaginan a veces aquellos que saben de mí a lo sumo que he hablado de la intuición. A mi juicio, una doctrina filosófica no se impone más que si es capaz de reformar o de perfeccionar, es decir de hacer progresar sobre ciertos puntos, la ciencia positiva. Es muy cierto que cada uno de mis libros ha provocado, en el momento de su aparición, ciertos ataques o ciertas críticas de científicos de profesión. Es que uno de mis principales objetos era eliminar de la ciencia la metafísica inconsciente, y por consiguiente arbitraria, que se disimula en el fondo de tal o cual teoría científica. Pero es no menos verdadero que la idea así criticada ha terminado, en general, por imponerse, y que se ha reconocido que era ella la que reflejaba directamente la experiencia» (*Correspondances II*, p. 556).

punto me hallo en este momento. El desarrollo de las conclusiones a que he llegado hasta ahora me ha situado frente a un problema nuevo[9], y este nuevo problema me ha puesto en el trance, si quiero obtener su solución, de emprender estudios nuevos para mí. ¿Que no consigo alcanzar su término? Pues entonces liquidaré cuanto pueda tener aún que decir acerca de los problemas a que he dado ya la vuelta; pero sobre problemas nuevos nada escribiré; nunca se está obligado a hacer un libro[10].

Pero hasta ahora sólo he hablado de la primera fase de la invitación, y, a este propósito, me he dejado ir a un comentario, quizá demasiado largo, de la relación que establezco entre el filósofo y el estudiante. He aquí que vengo a Madrid; y no vengo solo, como acaso lo creísteis primero, sino acompañado por varios de mis colegas del Instituto de Francia, pertenecientes al mundo de la ciencia y del arte. Y, en consecuencia, no sólo habéis deseado recibirnos a todos juntos, sino que habéis querido no ser vosotros, los estudiantes, los únicos que nos recibieran; habéis ensanchado el marco de vuestra invitación; habéis convocado aquí a los más eminentes representantes de la política, de la ciencia, del arte y de la literatura. Nos hacíais con ello un gran honor, que de antemano nos ha conmovido. Mas, en el momento de penetrar aquí, otro sentimiento ha venido a sumarse al primero, sentimiento muy dulce. Sumidos en una atmósfera de cordialidad, hemos creído sentirnos levantados, al mismo tiempo, por una ola de simpatía. Y bien comprendíamos que esta simpatía no se dirige únicamente a nuestras personas. Dirígese también –dirígese sobre todo, así lo esperamos– a lo que nosotros representamos aquí. A través de nosotros, por encima de nosotros, se dirige a Francia.

---

9   Es probable que Bergson se refiera al problema religioso y, en particular, al misticismo.

10   Cf. «Introduction (deuxième partie)»: «Jamás se está obligado a hacer un libro» (*La pensée et le mouvant*, p. 98). En la nota a pie de página de esta frase, con la que concluye la «Introducción (segunda parte)», dice el autor: «Este ensayo fue terminado en 1922. Le hemos añadido simplemente algunas páginas relativas a las teorías físicas actuales. En esa fecha no estábamos todavía en posesión completa de los resultados que hemos expuesto en nuestra reciente obra: *Las dos fuentes de la moral y de la religión*, París, 1932. Esto explicará las últimas líneas del presente ensayo» (*ibid.*).

A Francia, la que por su parte ama a España. A Francia, cuya admiración siempre fue grande por el arte español, por la literatura española, por todas las contribuciones que España ha aportado a la ciencia, a la filosofía, a la civilización. Ninguna nación está mejor dispuesta para comprender la vuestra, para simpatizar con las corrientes de pensamiento y de sentimiento del alma española –alma que siempre estuvo bien viva, pero que está más viva hoy que nunca, y cuya actividad, en todos los campos, va camino de una renovación.

Mucho se ha hablado de esta simpatía y admiración recíproca que siempre ha existido entre ambas naciones, aun en las épocas en que las circunstancias políticas no las unían. Pero ¿hanse profundizado bastante las causas?

Decía Aristóteles que la amistad sólida está cimentada en la virtud[11]. Referíase a la amistad entre individuos. Pero otro tanto podría decirse de la amistad entre naciones. No puede haber simpatía profunda entre dos naciones, no puede siquiera haber comprensión recíproca, sino en la medida de la elevación moral que tienen una y otra.

Esta elevación moral la encontramos en vuestro arte, en vuestra literatura, en vuestra historia. Hasta en el libro inmortal en que Cervantes, cuyo aniversario celebráis este año[12], ha ridiculizado la caballería, adivínase, siéntese desde el principio hasta el fin, un continuo homenaje al espíritu caballeresco. Inmanente en el alma española hay un ideal de generosidad, que es también el nuestro. He ahí por lo que podemos comprendernos y simpatizar.

Algunas naciones son naciones nobles. Llamo «nobles» a las naciones que han conservado algo del ideal caballeresco, que anteponen el derecho a la fuerza, que creen en la justicia y conocen la generosidad. Francia y España son de esas naciones[13].

Así como hay una cota de altura material para los diferentes lugares del planeta, también hay una cota de altura moral para los diferentes pueblos que lo habitan. Éstos están situados moralmente

---

11   Cf. *Ética Nicomaquea*, VIII 4.

12   Miguel de Cervantes nació el 29 de septiembre de 1547 y falleció el 22 de abril de 1616. En 1916 se festejaba el tricentenario de su muerte. Diversas referencias a Don Quijote se encuentran en *Le rire*, pp. 10, 44, 63, 112, 140-141.

13   En la versión francesa, éste no es un párrafo aparte, sino que está unido al anterior.

en niveles distintos. Las naciones cuyo nivel moral es idéntico, las naciones situadas a una misma altura moral, en un mismo plano moral, están destinadas a encontrarse y a marchar juntas.

No quiero decir que las cuestiones de interés carezcan de importancia en las relaciones entre los pueblos. Pero, en primer lugar, son cada vez menos decisivas, conforme se va ascendiendo en la escala moral de las naciones. Y, además, donde no haya más que una comunidad de interés, necesariamente accidental, no podrá ser duradera la unión y estrecho el lazo; mientras que, donde hay una comunidad de elevadas aspiraciones, donde hay estimación y simpatía recíprocas, se acabará siempre por encontrar intereses comunes; y este terreno común, una vez hallado, no cesará de agrandarse. Tal es el caso, seguramente, de Francia y de España.

Una señal de esta amistad es para mí, repito, la reunión de hoy. Saludo cordialmente a todos los que se han congregado aquí. Unos –estudiantes– representan la España de mañana. Otros –hombres ilustres– son la España de hoy, la España de que antes hablaba diciendo que está animada de una nueva vitalidad. Nuestro vocablo francés «jeunesse»[14] tiene una doble significación: designa el conjunto de los jóvenes y expresa también una cierta disposición del alma, un ardor y un aliento[15]. Dejadme que tome esa voz en sus dos sentidos y que salude a un tiempo en sus estudiantes y en sus hombres ilustres a la juventud española.

---

14   Dejamos el original francés «jeunesse», que García Morente vuelca por «juventud».

15   En el original francés: élan.

HENRI BERGSON

Conferencias de Madrid

EL ALMA HUMANA

La filosofía

Grande ha sido la contribución de España a las armas, a las letras, a las ciencias y también –permitid que lo diga– a la filosofía. Más de una vez he oído decir modestamente, demasiado modestamente, a españoles, de tránsito en París, que la contribución de España a la filosofía no había sido tan considerable como su labor en otros campos de la cultura[1]. A esto contestaba yo: "No es esa mi opinión. ¡Ah! Si por filosofía se entiende no sé qué construcción sistemática de ideas amontonadas sobre otras ideas, como piedras sobre piedras, para formar un inmenso edificio imponente[2], pero frágil, entonces, efectivamente, la participación de España en esta filosofía no es acaso muy considerable[3]. Pero esa no es la concepción de la filosofía que reina en los países latinos, en general, ni en los anglo-sajones. La filosofía no es un gran edificio labrado con abstracciones; no debe serlo. La filosofía no es un estudio abstracto; no hay nada menos abstracto

---

1   A Jacques Chevalier, Bergson le refiere el siguiente recuerdo: «Uno de ellos, creo que Morente, me decía: Nuestro país se ha destacado en las artes, pero no en la filosofía. Nos enfada no contar con ningún filósofo digno de este nombre. Pero, yo le respondí, ustedes tienen, en la mística, la más alta filosofía» (*Entretiens avec Bergson*, p. 248).

2   Cf. «L'intuition philosophique»: «Un sistema filosófico parece levantarse primero como un edificio completo, de sabia arquitectura, en el que han sido tomadas todas las medidas para acoger convenientemente todos los problemas» (*La pensée et le mouvant*, p. 118).

3   La traducción francesa que aparece en *Écrits philosophiques* cierra aquí las comillas abiertas unas líneas arriba (cf. p. 488); en la versión de Morente hay comillas de apertura, pero no de cierre.

que la filosofía. Hasta diré que, entre todas las ciencias, es la única que verdaderamente no es abstracta. Toda ciencia enfoca un aspecto de la realidad, es decir, una abstracción; las matemáticas estudian la magnitud; la física, el calor, la luz, la electricidad, cosas que nunca existen separadas unas de otras. Pero son extraídas, son abstraídas de la realidad para ser estudiadas[4]. En cambio, la ciencia que estudia la realidad concreta y completa; la ciencia que se esfuerza por contemplar la realidad integral desnuda, sin velos que la encubran, esta ciencia es la filosofía. Por eso no existe estudio que exija menos el uso de términos técnicos. Es inútil recurrir a vocablos bárbaros. Toda idea filosófica, por sutil, por profunda que sea, puede y debe expresarse siempre en la lengua que habla todo el mundo[5].

La filosofía y el arte

Mas si se entiende así la filosofía, ¿cómo España, tan ricamente dotada de disposiciones para el arte, no iba a serlo también para la filosofía? La filosofía no es arte, pero tiene con el arte afinidades profundas. ¿Qué es el artista? Es un hombre que ve mejor que los demás, porque mira la realidad desnuda y sin velos. Ver con ojos de pintor, es ver mejor que el común de los mortales. Cuando miramos un objeto, solemos no verlo; porque lo que vemos son convencionalismos interpuestos entre el objeto y nosotros; lo que vemos son unos signos convencionales que nos permiten reconocer el objeto y distinguirlo prácticamente de otro, para la comodidad de la vida. Mas el que prenda fuego a todos esos convencionalismos; el que desprecie la utilidad práctica y las comodidades de la vida y se esfuerce por ver la realidad misma directamente, sin interponer nada entre él y ella, ese será el artista[6]. Pero también será el filósofo; con esta

---

4   Cf. «Introduction (deuxième partie)»: «La ciencia positiva se dirige, en efecto, a la observación sensible. Obtiene así materiales cuya elaboración confía a la facultad de abstraer y de generalizar, al juicio y al razonamiento, a la inteligencia» (*La pensée et le mouvant*, p. 34).

5   Cf. «La philosophie française»*:* «no hay idea filosófica, por profunda o sutil que sea, que no pueda y no deba expresarse en la lengua de todo el mundo» (*Écrits et paroles*, vol. II, p. 432; *Mélanges*, p. 1183; *Écrits philosophiques*, p. 474).

6   Cf. *Le rire*, pp. 115-116: «Entre la naturaleza y nosotros, incluso entre nosotros y nuestra propia conciencia, se interpone un velo, uno espeso para

diferencia: que la filosofía se dirige menos hacia las cosas exteriores que hacia la vida interior, hacia el alma[7].

El misticismo

Y si consideramos la cuestión desde este punto de vista, entonces España, la tierra del misticismo[8], es también la tierra de la filosofía.

---

el común de los hombres, uno ligero, casi transparente, para el artista y el poeta. ¿Qué hada ha tejido ese velo? ¿Lo hizo por malicia o por afecto? Era necesario vivir, y la vida exige que captemos las cosas en la relación que guardan con nuestras necesidades. Vivir consiste en actuar. Vivir es no aceptar de los objetos más que la impresión útil para responderle con reacciones apropiadas; las restantes impresiones deben oscurecerse o solo llegarnos de manera confusa. Miro y creo ver, escucho y creo oír, me estudio y creo leer en el fondo de mi corazón. Pero lo que veo y oigo del mundo exterior es simplemente lo que mis sentidos extraen de él para iluminar mi conducta; lo que conozco de mí mismo es lo que aflora a la superficie, lo que participa de la acción. Por consiguiente, mis sentidos y mi conciencia no me suministran de la realidad más que una simplificación práctica. En la visión que me proporcionan de las cosas y de mí mismo, las diferencias inútiles para el hombre son borradas y las semejanzas útiles son acentuadas, y los caminos en los que mi acción se comprometerá me son trazados de antemano. Esos caminos son aquellos por los que la humanidad entera ha pasado antes de mí».

7   Esta caracterización de las relaciones entre el arte y la filosofía, la primera volcada hacia los objetos exteriores y la segunda concentrada en la vida interior, le permite a Bergson acercar la intuición filosófica a la intuición mística. Cf. su carta a H. Höffding (15 de marzo de 1915), en la que cuestiona algunas de las interpretaciones que este profesor danés ofrece sobre su pensamiento: «por ejemplo, la identificación de la filosofía con el arte, que usted me atribuye, con la cual no podría suscribir porque: 1° El arte no se refiere sino a lo vivo y no recurre más que a la intuición, mientras que la filosofía se ocupa necesariamente de la materia al mismo tiempo que profundiza en el espíritu, y recurre por consiguiente tanto a la inteligencia como a la intuición (aunque la intuición sea su instrumento específico); 2° La intuición filosófica, luego de haberse comprometido en la misma dirección que la intuición artística, va mucho más lejos: toma lo vital antes de su dispersión en imágenes, mientras que el arte se refiere a las imágenes» (*Écrits et paroles*, vol. III, pp. 455-456; *Mélanges*, pp. 1147-1148; *Écrits philosophiques*, pp. 442-443).

8   Bergson le dice a J. Chevalier: «España es el país de los espíritus generosos como Don Quijote, y de los místicos como santa Teresa y san Juan de la Cruz» (*op. cit.*, p. 33).

Porque los místicos –me refiero a los grandes místicos[9], a los que fueron hombres geniales[10]– son hombres que tuvieron una visión clara y directa de la vida interior. El místico penetra en el fondo de sí mismo y hasta va más allá de sí mismo; así descubre un mundo de cosas que ni siquiera sospechan los demás mortales. De este mundo, descubierto por el místico, hay una parte, sin duda, que sólo él puede percibir; pero hay otra que todos los demás podríamos igualmente alcanzar. El místico es un privilegiado, me diréis. Sin duda, los grandes místicos son hombres geniales; pero lo que llamamos el método es precisamente la manera de sustituir en parte al genio, y un método apropiado será cabalmente el que nos permita a todos contemplar sin velos, en una visión directa, las cosas de la vida interna[11].

Las ciencias y la filosofía

Todavía estamos lejos, muy lejos de poseer este método. La filosofía, concebida así, como estudio intuitivo del alma humana, es una filosofía aún en la infancia[12]. No debemos olvidar que nuestra ciencia tiene apenas tres o cuatro siglos de fecha. Esta ciencia ha debido

---

9   Cf. la carta de Bergson a H. Bremond (23 de enero de 1919): «Al analizar el sentimiento y el espíritu religioso en almas en las que alcanzan su punto culminante, usted nos hace captar lo que hay en la religión de esencial y de verdaderamente "primitivo"; porque en ningún otro dominio se verifica mejor el pensamiento de Aristóteles: πρότερον τὸ τέλειον τοῦ ἀτελοῦς [*Física* VIII 9, 265ª22-23: lo perfecto es anterior a lo imperfecto]» (*Correspondances II*, p. 648).

10   Cf. la carta de Bergson a G. Lombroso-Ferrero (17 de febrero de 1916): «Me parece que hay en el genio (en el verdadero sentido de la palabra) un elemento de intuición que, aunque muy por encima del instinto, está sin embargo *en la dirección* del instinto más aún que en la de la inteligencia. [...] el genio se caracteriza por la aparición en él, de un instinto de orden superior, instinto de pensamiento, podría decirse» (*Correspondances*, p. 656).

11   Bergson está atribuyendo aquí a la filosofía (y su método) la misma función democratizante con respecto a la mística que había planteado previamente con relación al arte: «Y bien, lo que la naturaleza hace de vez en cuando, por distracción, para algunos privilegiados [los artistas], la filosofía, en semejante materia, ¿no podría intentarlo, en otro sentido y de otra manera, para todo el mundo?» («La perception du changement», *La pensée et le mouvant*, p. 153).

12   Cf. «"Fantômes de vivants" et "recherche psychique"»: «nuestra ciencia del espíritu está todavía en la infancia» (*L'énergie spirituelle*, p. 81).

dedicarse, ante todo, al más urgente menester: a la investigación de la materia, cuyo conocimiento nos es necesario para lograr la satisfacción de nuestras necesidades. Primero se desarrolló la astronomía, luego la física, más tarde la química y, por último, la biología. Siempre fue la materia inorgánica o la materia viva el principal objeto de las preocupaciones científicas. Por eso sucede que el estudio del alma dista mucho de la perfección a que han llegado las demás disciplinas[13]. Pero todavía voy más lejos: la ciencia, refiriéndose a objetos materiales, ha servido más bien para apartar el espíritu del conocimiento del alma; porque en el estudio de la materia adquirimos ciertos hábitos, de que no podemos desprendernos, que nos obseden[14] y enajenan. Y cuando volvemos nuestra mirada hacia lo íntimo del alma, vemos entonces el alma materializada.

Determinismo y libertad

Hablando con mayor precisión, es evidente que en la materia domina la necesidad. En el mundo material todo sucede fatalmente[15]. El mundo material, tal como nos lo presenta la ciencia, es una inmensa máquina, una especie de reloj, cuyas piezas encajan perfectamente unas en otras; todo en él es mecanismo. Y cuando, con los hábitos de la ciencia, consideramos al hombre, somos necesariamente impelidos a percibirlo como un mecanismo incluido en otros mecanismos, como un ser que funciona automáticamente[16].

---

13   Cf. *op. cit.*, p. 80: «Las matemáticas se remontan a la antigüedad griega. La física ya tiene trescientos o cuatrocientos años de existencia. La química apareció en el siglo XVIII. La biología es casi tan antigua como ella. Pero la psicología data de ayer».

14   En la lengua española del siglo XIX, «obseder» significa cercar, asediar, apoderarse.

15   Lo que no implica la negación del indeterminismo cuántico. Cf. «Introduction (deuxième partie)»: «Se puede, por lo tanto, e incluso se debe, hablar todavía de determinismo físico aun cuando se postula, con la física más reciente, el indeterminismo de los acontecimientos elementales de los que se compone el hecho físico. Porque este hecho físico es percibido por nosotros como sometido a un determinismo inflexible, y se distingue radicalmente por eso de los actos que realizamos cuando nos sentimos libres» (*La pensée et le mouvant*, p. 61, nota 1).

16   Cf. «L'âme et le corps»: «Los descubrimientos que siguieron al Renacimiento –principalmente los de Kepler y de Galileo– habían revelado la posibilidad

Toda libertad parece imposible. Cierto es que protesta el sentido común[17] y que ha protestado siempre contra esa idea de que el hombre sea una especie de autómata. Evidente nos parece que la voluntad goza del poder de elección. En este momento soy libre, según parece, de volverme hacia la derecha o hacia la izquierda. ¿Será hacia la derecha? ¿Será hacia la izquierda? Me decido por la derecha. He aquí, según todas las apariencias, algo incalculable, algo totalmente imprevisible; y por mucho que se nos diga y repita que la ciencia, si estuviera cabalmente informada, podría calcular de antemano todo lo que sucede en el mundo, este hecho parece eludir en absoluto el cálculo y la previsión; como asimismo sería imposible calcular un eclipse de sol, si la luna, a punto de interponerse entre el sol y la tierra, pudiera decirse: ¿Qué voy a hacer? ¿Voy a darle una broma al astrónomo, que está ahí esperándome? La libertad, si existe, es precisamente eso: la facultad de burlar la ciencia que está esperando, la posibilidad de burlar la matemática en su pretensión de universalidad[18]. Esto dice el sentido común cuando cree en la potencia de moverse libremente. La voluntad es esto mismo; es la facultad de introducir algo, al parecer, absolutamente nuevo en el mundo. Y a mayor abundamiento es ello así, cuando esa voluntad de que hablamos ejerce su poderío, no sólo aplicándose a movimientos sencillos, como volverse hacia la izquierda o hacia la derecha, sino a acciones

---

de reducir los problemas astronómicos y físicos a problemas de mecánica. De ahí la idea de representarse la totalidad del universo material, organizado o no, como una inmensa máquina, sometida a leyes matemáticas. Desde entonces, los cuerpos vivos en general, el cuerpo del hombre en particular, debían engranarse en la máquina como otras tantas piezas en un mecanismo de relojería; ninguno de nosotros podía hacer nada que no fuese determinado de antemano, calculable matemáticamente» (*L'énergie spirituelle*, pp. 39-40).

17 Cf. *Essai sur les données immédiates de la conscience,* p. 112: «el sentido común cree en el libre albedrío».

18 Cf. *op. cit.,* p. 153: «Las matemáticas nos proporcionan, en efecto, la imagen de una preformación de este género. El mismo movimiento por el que se traza una circunferencia en un plano engendra todas las propiedades de esta figura; en este sentido, un número indefinido de teoremas preexisten en el seno de la definición, aunque destinados a desarrollarse en la duración por el matemático que los deducirá».

verdaderas, a actos importantes[19]; y más todavía, cuando se ocupa, no ya de crear movimientos o hasta acciones, sino –permitidme la expresión– de crearse, de acrecentarse a sí misma[20].

Voluntad creadora

Eso es la voluntad, una fuerza capaz de acrecentarse a sí misma[21]. Las fuerzas materiales existen en cantidades determinadas. De una fuerza material no hay más que lo que se tiene, lo que se posee: una cantidad fija. Pero en la voluntad reside la maravillosa virtud de poder acrecentarse por sí misma. Con un poco de voluntad se hace más voluntad, se hace mucha voluntad; con la facultad de querer puede aprenderse a querer. El espíritu –espíritu y voluntad son casi una misma cosa– es una facultad de creación[22]. La potencia espiritual es una potencia que puede sacar de sí más de lo que encierra en sí. No veo que se pueda dar otra definición del espíritu. Mas – sigo siempre colocado en el punto de vista del sentido común–, ¿no es precisamente esa la razón de ser del espíritu, del alma en el universo? Es un poder especial, destinado a continuar aquí la acción creadora, destinado a introducir en el mundo, en donde todo sería calculable y previsible si no hubiera más que materia, algo ajeno al cálculo y a la previsión, algo en verdad absolutamente nuevo, una creación verdadera[23].

---

19 Cf. *op. cit.*, p. 125: «En este sentido, la libertad no presenta el carácter absoluto que el espiritualismo le adjudica a veces; admite grados».

20 Cf. *L'évolution créatrice*, p. 7: «Por lo tanto se dice con razón que lo que hacemos depende de lo que somos; pero es necesario añadir que somos, en cierta medida, lo que hacemos, y que nos creamos continuamente a nosotros mismos».

21 Cf. *L'évolution du problème de la liberté. Cours au Collège de France 1904-1905*, p. 205: «La voluntad es, en efecto, algo maravilloso, algo que, en cierto modo, por ciertos aspectos al menos, participa del milagro. La voluntad es una fuerza que es capaz de incrementarse a sí misma indefinidamente».

22 Cf. «Cours de Bergson à Columbia University»: «La voluntad, si es real, es una facultad de creación, la capacidad de traer algo nuevo al mundo» (*Mélanges*, p. 982).

23 Cf. «Onze conférences sur "La personnalité" aux Gifford Lectures d'Edinburgh»: «Cada una de estas personalidades es una fuerza creadora; y según toda apariencia el papel de cada persona es crear, exactamente como si el gran

La alegría como signo de la creación[24]

Ese es el fin y el sentido de la vida. ¿Cómo dejar de advertirlo? Los filósofos han buscado mil definiciones del destino de la vida, a cual más artificiosas. La naturaleza se ha encargado de proporcionarnos una señal muy precisa del destino de la vida, una señal que nos indica cuándo se ha cumplido ese destino; esa señal es la alegría. No he dicho el placer, he dicho la alegría.

El placer indica que la naturaleza ha satisfecho su anhelo de conservar la vida; pero no nos da indicación alguna sobre la dirección que sigue y debe seguir la vida. La alegría es cosa bien distinta. Cuando la alegría se produce, podemos estar seguros de que la vida ha cumplido en alguna manera su misión, y de que el fin ha sido alcanzado.

En la verdadera alegría hay algo de triunfo. Sigamos empero esta indicación y veremos que dondequiera que hay alegría hay creación, y cuanto más rica sea la creación, más honda es la alegría. Una madre que contempla a su hijo está alegre porque tiene el sentimiento de haberlo creado física y, más aún, moralmente. Un industrial, el jefe de un taller, experimenta una alegría semejante. ¿Será acaso por los beneficios que obtiene? Sin duda esta satisfacción puede concurrir en parte al sentimiento que le conmueve. Pero esta satisfacción es más bien un placer que una alegría. La verdadera alegría proviene de que siente que ha creado algo, que ha dado impulso a una cosa nueva, con movimiento y vida. Consideremos las alegrías llamadas superiores, la del sabio que ha descubierto una nueva verdad, la del artista que ha dado al mundo una obra grande y bella. Suele decirse que estas alegrías provienen en su mayor parte de las satisfacciones de amor propio, de la fama y del renombre que el éxito proporciona. Suele afirmarse que el artista y el sabio lo que buscan es la gloria. Yo no lo creo así. Se busca la gloria, se solicita el aplauso y el elogio en la proporción exacta en que no se está muy seguro de haber acertado. Para tranquilizarse a sí mismo es para lo que se apetece la

---

Artista hubiese producido otros artistas como obras» (*Mélanges,* pp. 1070 [versión en inglés] y 1086; *Écrits philosophiques,* p. 438).

24 Un pasaje similar a este apartado se encuentra en la conferencia «La conscience et la vie». Cf. *L'énergie spirituelle,* pp. 23-24.

aprobación de los demás. Cuando la obra creada no tiene los caracteres ciertos e innegables de la viabilidad, cuando es débil y prematura, como niño nacido antes de tiempo, entonces el creador de ella quisiera rodearla de cuidados solícitos, protegerla por una a modo de incubadora artificial, afianzarla en el aplauso y la admiración de los hombres. Pero el que tiene la seguridad absoluta –suponiendo que tal seguridad fuera posible– de haber creado una obra viable y duradera, éste se cierne por encima de la gloria; es un creador, lo sabe, lo siente, y la alegría que experimenta debe ser algo así como una alegría divina.

Mas por elevada que sea esa creación científica y artística, más elevada aún es la creación del hombre que no es un hombre genial, pero sí un hombre honrado, y por el esfuerzo constante de su voluntad consigue crearse el carácter que quiso tener[25]. Esta creación, señores, esta que yo llamo creación de sí mismo por sí mismo[26], es la que proporciona la suprema alegría y, para sentirla, no se necesitan excepcionales dotes; todo el que quiera la puede alcanzar.

Tales son las apariencias; y si nos atenemos a las apariencias, a lo que dice el sentido común, es el alma humana efectivamente una potencia de creación, la facultad de introducir en el mundo algo indeterminado, algo imprevisible y absolutamente nuevo. Sin el espíritu, todo en el universo sería mecanismo. El espíritu es la capacidad de acrecentar continuamente el mundo, de acrecentarlo moralmente.

El principio de la conservación de la energía

Pero acaso se conteste a estas afirmaciones del modo siguiente: libertad, elección, creación, todo eso son palabras, todo eso es literatura. Volvámonos hacia la ciencia. ¿Qué dice la ciencia? Habláis,

---

25   Cf. «Cours de Bergson au Collège de France. Théories de la volonté» [Notas de Paul Fontana]: «hay como una creación de sí mismo que presenta alguna analogía con el hecho fundamental de la voluntad libre. [...] El esfuerzo voluntario por excelencia es, en efecto, un esfuerzo para formarse a sí mismo su carácter, para darle forma actuando sobre ciertas predisposiciones orgánicas y sobre las primeras formas más o menos voluntarias que sirven de sustrato al carácter» (*Mélanges*, p. 719).

26   Sobre la «creación de sí por sí», cf. *L'évolution créatrice*, p. 7; *L'énergie spirituelle*, pp. 24 y 31; *La pensée et le mouvant*, pp. 102-103.

por ejemplo, de la facultad que tenemos de movernos hacia la derecha, hacia la izquierda, como queramos. Pero la ciencia nos dice y nos demuestra que esto es imposible, puesto que, para poder determinarse libremente, para elegir, por ejemplo, entre un movimiento hacia la izquierda o hacia la derecha, sería preciso poder echar en la balanza, en un momento dado, cierta cantidad de energía. Mas nosotros nada creamos; el principio de la conservación de la energía afirma que en un sistema dado, todo es teóricamente calculable de antemano[27]. Esto en lo tocante a esa supuesta facultad de realizar movimientos libres, imprevisibles.

El paralelismo psico-fisiológico[28]

Pero no sólo nuestros movimientos exteriores deben estar determinados y ser calculables de antemano; también deben serlo nuestros movimientos interiores, los movimientos de nuestro cerebro. La materia de que está hecho el cerebro se compone de elementos, moléculas, átomos, etc., que están en constante movimiento, y este movimiento es determinado por las leyes de la mecánica. La solidaridad entre el alma de que hablamos y el cerebro es evidente. Basta aspirar cloroformo para que la conciencia se desvanezca. Basta ingerir alcohol para que la conciencia se exalte. Una intoxicación transitoria modifica por consiguiente la conciencia. Una intoxicación duradera, como la que constituye probablemente la raíz de la mayor parte de las enfermedades mentales, produce un desorden permanente del espíritu. La verdad es que el alma, esa supuesta alma, está por completo a la merced de cualquier accidente cerebral. Tienen lugar en

---

27 Cf. *Essai sur les données immédiates de la conscience*, p. 108: «Como, además, el principio de la conservación de la energía se ha supuesto inflexible, no hay átomo, ni en el sistema nervioso ni en la inmensidad del universo, cuya posición no esté determinada por la suma de las acciones mecánicas que los otros átomos ejercen sobre él. Y el matemático que conociera la posición de las moléculas o átomos de un organismo humano en un momento dado, así como la posición y el movimiento de todos los átomos del universo capaces de influenciarla, calcularía con una precisión infalible las acciones pasadas, presentes y futuras de la persona a quien este organismo pertenece, como se predice un fenómeno astronómico».

28 Un pasaje análogo se encuentra en la conferencia «L'âme et le corps». Cf. *L'énergie spirituelle*, pp. 31-34.

el cerebro movimientos atómicos y moleculares, y a cada uno de esos movimientos corresponde un estado de ánimo. Sabemos que las lesiones de la memoria, por ejemplo, corresponden a lesiones perfectamente determinadas del cerebro; en tal o cual circunvolución[29] cerebral, radica la memoria de los movimientos articulativos de las palabras; en tal otra circunvolución, la memoria del sonido de las palabras; en otra, la memoria de la imagen visual de letras y palabras, etc...

Todavía más. Es probable, se dice, que en esas circunvoluciones del cerebro estén depositados los recuerdos como la imagen en las placas fotográficas o los fonogramas en los discos fonográficos. Y esto, según se dice, parece establecerlo y afirmarlo el estudio de las enfermedades de la memoria verbal. Y si los recuerdos están así localizados en el cerebro, otro tanto debe ocurrir con todos los estados de conciencia, juicios, raciocinios, sentimientos, decisiones; de suerte que, si pudiéramos ver a través de un cráneo lo que en el cerebro sucede y seguir la danza que ejecutan átomos y moléculas; si, además, poseyéramos la tabla de correspondencia que nos permitiese traducir en estado de conciencia cada uno de esos movimientos interiores del cerebro, podríamos penetrar en la persona misma, y saber mejor que ella lo que sucede en su conciencia; pues ella no percibe más que una pequeña parte de la danza intra-cerebral, mientras que nosotros percibiríamos la danza toda en todas sus fases.

Esto es lo que se decía, en nombre de la ciencia, en la época en que yo era un estudiante, y esto es lo que se dice muchas veces aún hoy, pues la teoría según la cual el alma se limita a reproducir en otra forma lo que el cerebro hace mecánicamente, es una teoría aceptada aún hoy para la mayor parte de las explicaciones singulares de detalle. Considérase como hecho evidente, que a todo estado de conciencia corresponde exactamente un estado cerebral determinado, no siendo aquél más que la traducción de éste en otro lenguaje.

---

29 García Morente utiliza la palabra: circonvolución. Siempre que aparece en el texto la actualizamos por circunvolución.

La conciencia en el curso de la evolución

Sin embargo, examinemos la cuestión más de cerca. A la mente acude en seguida una reflexión que, por mi parte, no dejé de hacer desde la primera vez –hace ya muchos años– que me coloqué frente a esta teoría del paralelismo entre el cerebro y la conciencia. Esta reflexión es bien sencilla. Si la conciencia no fuera más que eso que dicen; si su papel se limitase a traducir a su modo lo que sucede mecánicamente en la sustancia gris del cerebro; si la conciencia no fuera más que un *duplicatum*[30] de la materia, hubiera desaparecido del mundo hace ya mucho tiempo, a suponer que llegara a producirse alguna vez. Lo que no sirve para nada, el órgano inútil, se atrofia y desaparece, y esto lo vemos en la conciencia misma de los movimientos, la cual disminuye y se apaga conforme esos movimientos se van haciendo más automáticos[31]. Así, pues, si la conciencia fuera solamente una reproducción, en otro estilo, de los procesos moleculares del cerebro, hubiérase apagado hace mucho tiempo, o, más bien, no hubiera jamás aparecido en el curso de la evolución[32]. Pero la conciencia existe; sirve, pues, para algo y, por consiguiente, no se limita a traducir en otra lengua lo que hace el cerebro.

---

30 La cursiva es de la presente edición. Cf. «"Fantômes de vivants" et "recherche psychique"» (*op. cit.*, p. 72).

31 Sin mencionarlo, Bergson está haciendo referencia a Félix Ravaisson y su tesis sobre el hábito. Cf. «La vie et l'œuvre de Ravaisson»: «nuestra experiencia interior nos muestra en el hábito una actividad que ha pasado, por grados insensibles, de la conciencia a la inconciencia y de la voluntad al automatismo» (*La pensée et le mouvant*, p. 267). Aquí la retoma en el campo biológico, y la lleva al extremo.

32 Un argumento similar aplicaba Bergson a la idea de libertad: «Si es el pensamiento reflexivo el que tiene razón, no comprendo por qué tengo este testimonio de la conciencia inmediata y espontánea, no comprendo la ilusión de la libertad. [...] Sí, se me explicará el origen de esta ilusión, pero lo que no se me hará comprender, es que esta ilusión persista y dure, que dure a través de la historia» (*L'évolution du problème de la liberté. Cours au Collège de France 1904-1905*, p. 25).

La voluntad, energía explosiva[33]

He aquí la primera razón de buen sentido[34] que se presenta al espíritu. Pero contra ella se aduce que las grandes leyes establecidas por la ciencia, la ley de la conservación de la energía, se oponen resueltamente a que la conciencia haga algo e intervenga para sembrar la perturbación en los movimientos sometidos a leyes mecánicas. Pero esa ley de la conservación de la energía, esa ley física que se invoca, ¿cómo es conocida por nosotros? Es conocida por la observación de los hechos. Es una ley sacada de la experiencia; es un compendio de experiencias. Todas esas experiencias, empero, todas esas observaciones se refieren a hechos en donde no interviene la voluntad. Pero entonces se comete una petición de principio; se admite, cabalmente, lo que está puesto en cuestión, cuando se extiende esa ley al caso de los movimientos voluntarios. Pues si la voluntad fuera, precisamente, capaz de crear energía, entonces, por eso mismo, el principio de la conservación de la energía no sería aplicable más que a sistemas en donde no interviene la voluntad. Debo añadir que si, como es muy probable, la voluntad es, efectivamente, capaz de crear energía, esta energía se reduce, según toda verosimilitud, a poquísima cantidad. Es la creación de una chispa que puede producir grandes explosiones, como la chispa que hace estallar un polvorín. Si consideramos, si examinamos la evolución de la vida y particularmente la del sistema nervioso, parece que el artificio de la naturaleza ha consistido en crear mecanismos dispuestos del modo más conveniente para producir, en un momento dado, efectos enormes con muy escaso gasto de energía, como la presión del dedo en el gatillo de la escopeta. El movimiento voluntario se lleva a cabo por medio de una sustancia, en cierto modo explosiva,

---

33 Un pasaje análogo se encuentra en la conferencia «L'âme et le corps». Cf. *L'énergie spirituelle*, pp. 34-36.

34 Cf. «Le bon sens et les études classiques»: «Veo en el buen sentido la energía interior de una inteligencia que se reconquista en todo momento a sí misma, eliminando las ideas hechas para dejar el espacio libre a las ideas que se hacen, y modelándose sobre lo real por el esfuerzo continuo de una atención perseverante» (*Écrits et paroles*, vol. I, p. 88; *Mélanges*, p. 365; *Écrits philosophiques*, p. 157).

llamada glicógeno[35], que se deposita en los nervios y, sobre todo, en los músculos. El músculo espera sólo la chispa para dispararse; la función de la voluntad consiste en encender esa chispa, de suerte que con una mínima creación de energía puede desarrollarse una cantidad de fuerza tan grande como se quiera. Mas insistir sobre este punto nos conduciría demasiado lejos. Basta decir que no se puede invocar, como se ha hecho, un principio general de la física contra la libertad humana, puesto que ese principio, como todo principio, sale de la experiencia, es un compendio de experiencias y estas experiencias, de donde sale, son hechos en que la voluntad humana no interviene de ninguna manera.

Una oculta metafísica

Muchísimas otras consideraciones podrían aducirse contra la tesis del paralelismo entre la materia y el espíritu. De todas ellas baste una: y es que esa tesis existe, desde hace dos o tres siglos, en la historia de las ciencias y de la filosofía, sin haber variado en nada. Una teoría que permanece invariable es una teoría que, las más de las veces, no sigue los contornos de la experiencia. En efecto: la experiencia nos ofrece sin cesar hechos nuevos, conocimientos inéditos; y, cuando una teoría se mantiene fija, hay grandes probabilidades para que sea una mera construcción de la inteligencia y no un dato de la experiencia. Efectivamente: es fácil advertir que esa teoría del paralelismo es una metafísica muy vieja. Nacida en el siglo XVII, obtenida prolongando y exagerando la filosofía de Descartes, esa teoría pasó luego de la filosofía a la ciencia actual[36]. Se comprende

---

35   Se refiere al glucógeno. Cf. *L'évolution créatrice*, pp. 123-125.

36   Cf. «L'âme et le corps»: «Descartes, es verdad, no iba aún tan lejos. Con el sentido que tenía de las realidades prefirió, aunque padeciera el rigor de la doctrina, ceder un poco a la voluntad libre. Y si con Spinoza y Leibniz desapareció esa restricción, barrida por la lógica del sistema, si estos dos filósofos formularon en todo su rigor la hipótesis de un paralelismo constante entre los estados del cuerpo y los del alma, al menos se abstuvieron de hacer del alma un simple reflejo del cuerpo; hubieran podido decir también que el cuerpo era un reflejo del alma. Pero habían preparado el camino a un cartesianismo disminuido, estrecho, según el cual la vida mental no sería más que un aspecto de la vida cerebral, reduciéndose la pretendida "alma" al conjunto de ciertos fenómenos cerebrales a los que se sobreaña-

bien que ello sea así; es natural que la ciencia pueda, y hasta deba, hacer uso de semejante teoría, porque la ciencia aspira a prever y a calcular. Los hechos del espíritu, los hechos del alma, son refractarios a la medida[37]. Por eso la ciencia, desde sus comienzos, ha intentado sustituir al alma y al espíritu, algo susceptible de cálculo. Se encontró que el cerebro, evidentemente, representa un papel considerable en la vida mental; y como sólo el cerebro podía ser sujeto a los métodos de la ciencia, se convino en considerarlo como el equivalente de toda la vida mental. Mas ésta es una mera convención, y el momento ha llegado de buscar lo que verdaderamente» sea el alma humana.

Limitación del problema

Si dejamos, pues, a un lado esas teorías que, a primera vista, parecen ser científicas, pero que en realidad no son más que una metafísica disfrazada con el ropaje científico; si consideramos directamente los hechos sin prejuicio alguno, llegamos a conclusiones del todo diferentes. Hace ya muchos años –unos treinta[38]– ocurrióseme la idea, que ha debido también ocurrirse a otros, de ver lo que dicen los hechos, tanto los hechos normales como los patológicos, cuando se los contempla sin previa decisión tomada y fuera de toda tesis preconcebida. ¿Es exacto, por ejemplo, que las enfermedades del espíritu y el estudio de las lesiones cerebrales nos impongan la conclusión de que el espíritu es todo él representado por el cerebro; que el espíritu es la simple traducción, en lenguaje de consciencia, de lo que sucede en el cerebro? Con gran extrañeza advertí primero que era preciso eliminar todos los supuestos hechos observados que no fueran relativos a la memoria[39]. Ni para el juicio, ni para el racio-

---

diría la conciencia como una luz fosforescente» (*L'énergie spirituelle*, p. 40). El tema se encuentra ampliado en *Histoire des théories de la mémoire. Cours au Collège de France 1903-1904*, pp. 253-337.

37 Cf. *Essai sur les données immédiates de la conscience*, capítulo primero: «De la intensidad de los estados psicológicos».

38 Es decir, en 1886. Cf. *Cours de philosophie de 1886-1887 au lycée Blaise Pascal de Clermont-Ferrand*, pp. 231-240.

39 Cf. «Le parallélisme psycho-physique et la métaphysique positive»: «Entonces, de simplificación en simplificación, he hecho descender el espíritu tan cerca como he podido de la materia. He dejado de lado las ideas para no

cinio, ni para ninguna otra función del espíritu, hay hecho alguno que establezca solidaridad –en el sentido de paralelismo absoluto– entre el estado de conciencia y el estado cerebral. Hay, por tanto, que prescindir de todos los hechos que no sean hechos de la memoria; y no necesito decir que también dejo a un lado las sensaciones y los movimientos, pues el cerebro es, seguramente, un órgano de sensaciones y de movimientos.

La conservación y la evocación de los recuerdos

Restan los fenómenos de la memoria y, particularmente, de la memoria de las palabras. Los únicos casos en que tenemos seguridad de que la lesión del espíritu corresponde a lesiones determinadas del cerebro, son los casos de enfermedades de la memoria verbal, los casos de afasia, como suelen llamarse. De aquí se saca la conclusión que las diferentes memorias están localizadas en puntos determinados del cerebro, y que los recuerdos están depositados en el cerebro; mas si los recuerdos pueden depositarse en el cerebro, otros estados de conciencia podrán también corresponder exactamente con estados cerebrales. Pues bien: un estudio de los fenómenos de afasia seguido durante varios años; una investigación de los fenómenos de lesión en la memoria verbal, única función de la conciencia, repito, en donde la tesis del paralelismo halla un comienzo de demostración, me ha dado conocimiento de algo inesperado, y es que precisamente las enfermedades de la memoria verbal, estudiadas sin prevención, nos imponen la conclusión de que es imposible que los recuerdos estén realmente depositados o inscritos en el interior del cerebro[40]. Lo que el cerebro hace, lo que hace la circunvolución cerebral en este caso, es algo bien distinto: sirve para excitar la aparición del recuerdo de las palabras; nos permite evocar, en el momento útil, el recuerdo deseado; pero su función se limita a eso. La evocación del recuerdo

---

considerar más que las imágenes; de éstas no he retenido sino los recuerdos, de los recuerdos en general los recuerdos de las palabras, de éstos solo los recuerdos bastante especiales que conservamos del sonido de las palabras» (*Écrits et paroles*, vol. I, p. 145; *Mélanges*, p. 478; *Écrits philosophiques*, p. 247).

40   Cf. *Matière et mémoire*, capítulo dos: «Del reconocimiento de las imágenes. La memoria y el cerebro».

no es, en modo alguno, su conservación[41]. No voy a entrar en el detalle de las pruebas que podrían aportarse para sostener esta tesis. Tan sólo citaré lo más evidente, lo que salta a la vista.

Orden gramatical de la afasia[42]

En todos los casos, aún los más graves, de pérdida de la memoria verbal, una palabra determinada puede siempre retornar. Bastará una fuerte emoción o una excitación profunda. ¿Sería esto posible si la lesión hubiera alcanzado el recuerdo mismo? No. La lesión ha alcanzado solamente la facultad de evocar o de atraer los recuerdos verbales. Otro hecho que también se impone a la atención, es el siguiente: en los casos de afasia progresiva, cuando la enfermedad va poco a poco tomando incremento, se ha observado que las palabras que primero se olvidan son los nombres propios, luego los nombres comunes, luego los adjetivos, y, por último, los verbos. La enfermedad sigue un orden gramatical[43]. De esta particularidad, sacóse un argumento, al parecer, muy fuerte, en pro de la localización de los recuerdos en el cerebro. Decíase que los recuerdos deben ocupar, en cierta manera, capas sucesivas en el interior de la circunvolución interesada; la enfermedad iba poco a poco minando esas capas. Se olvidó, empero, una pequeña dificultad, y es que la enfermedad puede iniciarse en un punto cualquiera de la circunvolución, caminar en una dirección cualquiera, y, sin embargo, siempre, siempre los recuerdos van perdiéndose en el mismo orden. ¿Cómo iba a ser esto posible, si los recuerdos mismos fueran los progresivamente atacados? Pero

---

41 Cf. «L'âme et le corps»: «Tal es el papel del cerebro en la operación de la memoria: no sirve para conservar el pasado sino para ocultarlo primero, y luego para dejar transparentar de él lo que es prácticamente útil» (*L'énergie spirituelle*, p. 57).

42 Un pasaje análogo se encuentra en la conferencia «L'âme et le corps». Cf. *op. cit.*, pp. 52-55.

43 Se trata de la ley de Ribot (cf. *Matière et mémoire*, p. 132). Bergson reconoce los hechos planteados por este psicólogo experimental, pero propone una explicación muy diferente. Si los verbos son más difíciles de olvidar que los sustantivos y los adjetivos, no es porque se han fijado con mayor profundidad en las células nerviosas sino porque son más fácilmente imitables por el cuerpo.

la verdad es que la lesión ha atacado la función de atraer, de evocar los recuerdos; de suerte que, perturbada esa función, piérdense primero los recuerdos de más difícil evocación: los nombres propios. Síguenles los nombres comunes, que son los más difíciles de evocar entre los recuerdos restantes; luego los adjetivos y, por último, los verbos, que son los más fácilmente evocables. Restan, es cierto, las interjecciones. Pero las interjecciones no se olvidan jamás.

El cerebro, órgano de pantomima[44]

¿Y por qué es el verbo más fácil de evocar que el adjetivo, y el adjetivo que el sustantivo? Aquí tocamos el punto esencial. El verbo expresa una acción, y la acción puede el cuerpo bosquejarla, dibujarla, imitarla. Los adjetivos no pueden ser objeto de esa especie de pantomima, como no sea por medio del verbo, y los sustantivos por medio del adjetivo; de suerte que, examinando las cosas de cerca, vemos que el cerebro no almacena recuerdos, sino que sirve para excitar su vuelta a la conciencia, permitiéndonos imitar interiormente esta o aquella acción, y bosquejar, iniciar por leves movimientos, la actitud de esta o aquella actividad.

Si examinamos las demás funciones del espíritu, llegamos a conclusiones análogas. La función del cerebro, a juzgar por el estudio de los hechos psicológicos y de ciertas lesiones cerebrales, no es, en manera alguna, la de producir movimientos interiores que luego se tradujeran en conciencia. La función del cerebro y del sistema nervioso en general, pero particularmente del cerebro, es la de facilitarnos una especie de mímica exterior, y aun interior, de nuestro pensamiento; la de representarnos interiormente esos movimientos de mímica; de tal suerte que podríamos definir el cerebro desde este punto de vista –sólo desde él, ya que el cerebro tiene otras funciones– como un órgano de simple pantomima. Quien pudiera, como decíamos antes, ver a través de un cráneo y seguir los movimientos interiores del cerebro, no conocería más que una mínima parte de nuestra vida mental. Conocería de la vida del espíritu, lo mismo que de una sinfonía percibiera un sordo, al ver los movimientos de la

---

44   Un pasaje similar se encuentra en la conferencia «L'âme et le corps». Cf. *L'énergie spirituelle*, p. 47.

batuta, o lo que de una tragedia, de una comedia, entendiera uno que estuviese atenido a los movimientos, los gestos y las idas y venidas de los actores sobre el tablado. La función del cerebro es esa: accionar interiormente la vida del espíritu. Pero esa mímica, esa pantomima tiene una importancia enorme, porque ella permite que nuestra alma se ponga en contacto con la vida; por medio de ella nos adaptamos a la realidad, por medio de ella responderá el espíritu con reacciones apropiadas a cuantas situaciones sobrevengan. Podría definirse el cerebro, no como el órgano del pensamiento, sino como el órgano de la atención del pensamiento a la vida[45].

Relación entre el cerebro y el espíritu

Por medio del cerebro adhiere nuestro pensamiento a la vida y se fija sobre el acto que va a realizar. Suponed que una u otra parte del cerebro está lesionada. ¿Qué sucede? Que se encuentra en el mismo estado en que se hallaría un barco, amarrado al puerto, si se desatan o se cortan las amarras[46]. El barco, va, viene, juguete de las olas. El que quisiera explicar todas las lesiones del juicio, del raciocinio, de los estados anímicos por las lesiones cerebrales; el que quisiera buscar en el desarreglo de tal o cual movimiento cerebral la explicación de tal o cual desarreglo del espíritu, no procedería de otro modo que el filósofo que, viendo el barco flotar sin dirección, buscase la explicación de los movimientos de la nave en la forma que presenta la rotura de la cuerda. Ciertamente, porque la cuerda se ha roto es por lo que el barco se va; mas la explicación de lo que en detalle sucede al barco no se encontrará jamás en la cuerda. De igual modo, porque hay lesiones cerebrales es por lo que hay lesio-

---

45 Cf. *Matière et mémoire*, p. 7: «Hay pues, finalmente, tonos diferentes de vida mental, y nuestra vida psicológica puede representarse a alturas diferentes, unas veces más cerca, otras veces más lejos de la acción, según el grado de nuestra *atención a la vida*. Tal es una de las ideas directrices de esta obra, aquella misma que ha servido de punto de partida de nuestro trabajo».

46 Cf. «L'âme et le corps», p. 48: «Pero del mismo modo que es suficiente una muy débil relajación de la amarra para que el barco comience a balancearse con las olas, así una modificación incluso ligera de la sustancia cerebral entera podrá hacer que el espíritu, perdiendo el contacto con el conjunto de las cosas materiales en las que se apoya por lo general, sienta que la realidad se le escapa, titubea y es presa del vértigo» (*L'énergie spirituelle*, p. 48).

nes mentales; pero nunca el estudio de la lesión cerebral explicará las particularidades singulares del desarreglo mental. Todo el error –pues creo que se trata de un error– de la doctrina del paralelismo está aquí. La explicación que yo propongo, descansa, evidentemente, sobre un estudio de los fenómenos de afasia y de las enfermedades de la memoria, de donde se desprenden conclusiones que pudieron parecer paradojales en la época en que fueron presentadas. En esa época dominaba una teoría de las afasias y, en general, del paralelismo mental cerebral, que todo el mundo admitía como un dogma. Pero hoy, la tesis aquí defendida, parece menos paradojal, desde que los estudios y los trabajos de uno de nuestros más grandes neurólogos, Pierre Marie, y de sus alumnos, han venido a mostrar que es preciso modificar profundamente las ideas admitidas sobre esos puntos[47]. Es fácil advertir que los estudios tienden cada día más a orientarse en esta dirección.

El retorno del pasado

Pues bien: de todo esto debemos sacar la conclusión que la actividad del cerebro consiste en poner en comunicación el espíritu con la realidad; es un órgano que obliga al espíritu a atender a la realidad. Mas por eso precisamente es también un órgano que limita la vida del espíritu. Vivir con el cerebro y con la mente a la vez, es

---

47   La primera referencia que hace Bergson a este neurólogo francés (1853-1940), discípulo de Charcot, se encuentra en el prólogo de la séptima edición de *Materia y memoria*. En una nota a pie de página remite a sus trabajos, luego de hacer las siguientes observaciones: «Lo que se considera habitualmente una perturbación de la vida psicológica misma, un desorden interior, una enfermedad de la personalidad, nos parece una relajación o una perversión de la solidaridad que une esta vida psicológica a su concomitante motor, una alteración o una disminución de nuestra atención a la vida exterior. Esta tesis, como también la que consiste en negar la localización de los recuerdos de las palabras y en explicar las afasias de un modo muy diferente que por esta localización, se juzgó paradójica en el momento de la primera publicación de esta obra (1896). Lo parecerá mucho menos hoy. La concepción de la afasia que era entonces clásica, universalmente admitida y tenida por intocable, es muy criticada desde hace algunos años, sobre todo por razones de orden anatómico, pero en parte también por razones psicológicas del mismo género que las que exponíamos desde esa época» (*Matière et mémoire*, pp. 7-8). Cf. *L'énergie spirituelle*, p. 73; *Mélanges*, p. 953.

vivir una vida más estrecha y más recortada. Esto es evidente ya en la operación de la memoria. Hay algunos hechos que parecen indicar que los recuerdos se conservan todos y que no olvidamos nada. Todos sabéis lo que se cuenta de los ahogados, de los ahorcados que han vuelto a la vida. Estos declaran que en el espacio de algunos segundos, acaso menos aún, de un solo segundo, han percibido y pasado revista a la totalidad de su existencia pretérita en los más nimios detalles[48]. Y fácil es ver que no es la asfixia la causa de este fenómeno, pues el caso se reproduce de igual manera en gentes que no estuvieron a punto de morir asfixiados. Un alpinista, por ejemplo, que rueda en el fondo de un precipicio, puede tener también esta visión del pasado; un soldado, alrededor del cual llueven las balas, puede experimentar esa misma visión panorámica. Cítanse ejemplos, particularmente uno, en el curso de esta guerra, aun cuando la lucha no deja mucho ocio para los estudios de psicología. Hay también casos de conversión brusca, en donde se produce, asimismo, este recorrido plástico del pasado[49]. ¿Puede hablarse de asfixia en todas estas ocasiones?

---

48   Cf. *Matière et mémoire*, p. 172: «Pero nada más instructivo en este sentido que lo que se produce en ciertos casos de sofocación brusca, en los ahogados y los ahorcados. El sujeto, vuelto a la vida, declara haber visto desfilar ante él, en poco tiempo, todos los acontecimientos olvidados de su historia, con sus más ínfimas circunstancias y en el orden mismo en que se habían producido». Bergson vuelve más de una vez sobre este fenómeno de la visión panorámica de los moribundos. Cf. *L'énergie spirituelle*, p.76; *La pensée et le mouvant*, p. 170.

49   En los capítulos IX y X de *Las variedades de la experiencia religiosa*, William James estudia el fenómeno de la conversión, repentina o gradual, y los efectos que produce en la persona que la atraviesa. Al implicar una movilización de las energías subconscientes de la mente, puede producirse en algunos casos una exaltación de la memoria (cf. *The varieties of religious experience*, Longmans, Green and Co., New York, 1917, p. 191). El libro de su amigo puede haber sido la fuente a partir de la cual Bergson escribió esta línea, que no tiene paralelo en ningún otro pasaje de su obra. Una referencia a la conversión religiosa también se encuentra en *Les deux sources de la morale et de la religion*, p. 188.

Selección de los recuerdos

No. La verdad es que nuestro pasado sobrevive en toda su integridad[50]. No tengo tiempo suficiente para explicar el porqué de esta persistencia; pero, de una manera general, sentimos todos que el pasado es lo que más existe; el pasado es imborrable e indestructible. Sobrevive en cada uno de nosotros a cada instante, y pesa sobre nosotros en cada instante. Todos nuestros recuerdos están ahí; pero en tiempo normal no podemos ni debemos percibirlos. No debemos percibirlos, porque nuestra función es función activa en la vida; la vida y la acción, empero, miran siempre hacia adelante. Nosotros no podemos ni debemos volver la vista atrás. El cerebro tiene por misión precisamente dirigir nuestra mirada hacia adelante, y no dejar pasar del tesoro de pretéritos recuerdos, más que los que interesan la situación actual, la acción inminente[51]. Cuando más, algunos otros consiguen juntarse sigilosamente con éstos y pasar de contrabando. Pero sobrevenga algún incidente que aparte de la vida nuestra atención; sobrevenga un súbito desinterés por la vida. Entonces el pasado entero se precipita en el presente y nos aparece en sus más nimios detalles. Así, pues, el cerebro, cuyo papel es permitir la evocación de los recuerdos útiles y pertinentes, sirve también como de contención y rémora para los otros, y los obliga a permanecer en la obscuridad. Esta función doble del cerebro, en la memoria, es también la que realiza en toda la vida mental. El cerebro es un órgano de limitación del espíritu, en vista de una continua atención que prestamos a la vida.

---

50   Cf. *L'évolution créatrice*, p. 5: «En realidad, el pasado se conserva por sí mismo, automáticamente. Todo entero, sin duda, nos sigue en todo momento; lo que hemos sentido, pensado y querido desde nuestra primera infancia está ahí, inclinado hacia el presente que va a unirse con él, presionando contra la puerta de la conciencia que quisiera dejarlo afuera».

51   Cf. *Matière et mémoire*, p. 156: «Lo que llamo mi presente, es mi actitud frente al porvenir inmediato, es mi acción inminente. Mi presente es, pues, sensorio-motor. De mi pasado, solo deviene imagen, y por consiguiente sensación al menos naciente, lo que puede colaborar con esta acción, insertarse en esta actitud, en una palabra, volverse útil».

Consecuencias: la supervivencia del alma[52]

Si estudiamos esta conclusión, resultan buen número de consecuencias importantes, de consecuencias graves. No me refiero solamente a las consecuencias que tocan a la ciencia pura en el estudio de las enfermedades mentales. Desde que se ha empezado a marchar en esta dirección, se ha visto que muchas enfermedades mentales debían explicarse de manera bien distinta de la corriente; no por la aparición de algún elemento nuevo que sobreviene, sino por la supresión de ese obstáculo que nuestra vida interior encuentra de continuo en la necesidad de limitarse para la acción. No hablaré de estas consecuencias de orden científico. Otras hay de orden moral. Entre ellas no insistiré mucho sobre una que es acaso la más importante de todas: la cuestión de la supervivencia del alma. Es este un problema que siempre ha preocupado a los filósofos, claro está, y al cual siempre ha respondido la filosofía de una manera vaga e hipotética. Si se resuelve con las luces de la fe, se llega, desde el punto de vista de la religión, a una certeza moral. Pero si se considera la cuestión desde el punto de vista de la ciencia y de la filosofía, no se consigue nunca alcanzar otra cosa que vagas y problemáticas hipótesis, razonamientos que siempre son atacables por otros razonamientos. Sin duda esos razonamientos tienen un valor, y los que concluyen en favor de la supervivencia del alma tienen una superioridad, que sería fácil evidenciar, sobre aquellos otros cuya conclusión es más bien contraria. Pero al razonamiento opónese el razonamiento[53] y, en cuestiones de hecho, no hay más certeza absoluta que la certeza experimental, la que viene de la observación. Pues bien: si admitimos un instante aquella tesis, que valió mucho tiempo como científica, y según la cual todo estado de conciencia corresponde exactamente a un estado cerebral, siendo aquél una mera traducción de éste, entonces es verosímil una desaparición del alma después de la muerte, ya que el cerebro se desorganiza. Pero supongamos que

---

52   Pasajes análogos sobre este tema se encuentran en *L'énergie spirituelle*, pp. 27-28, 57-60, 79; *Les deux sources de la morale et de la religion*, pp. 279-282.

53   Cf. «La perception du changement»: «La dialéctica nos conduce a filosofías opuestas; demuestra tanto la tesis como la antítesis de las antinomias» (*La pensée et le mouvant*, p. 154).

la experiencia establece –y lo irá estableciendo de una manera cada vez más sólida– que lo que en el cerebro sucede, no representa más que una mínima parte de la vida mental; que desde ahora mismo el espíritu se halla, por decirlo así, desprendido del cerebro, al cual no se adhiere más que en la cantidad necesaria para concentrar su atención sobre la realidad; entonces, suprimido el cerebro, subsiste el espíritu tal como era: menos limitado quizá, más independiente, con una memoria total, integral del pasado. Y aunque la demostración de esta tesis no sea aún completa, irá completándose progresivamente[54], y, desde luego, una cosa puede decirse ya, y es que en este problema, la obligación de probar incumbe, no a quienes afirman la supervivencia del alma, sino a quienes la niegan[55]. Porque la única razón que tenemos para negar la supervivencia del alma, es que vemos el cerebro desorganizarse como el resto del cuerpo. Pero esta razón pierde todo su valor, si se establece que el espíritu, en su mayor parte, es independiente de la función cerebral[56].

---

54 Cf. «Le parallélisme psycho-physique et la métaphysique positive»: «Hay certezas científicas que no se obtienen sino por acumulación de probabilidades. Hay *líneas de hechos* de las cuales ninguna bastaría por sí misma para determinar una verdad, pero que la determinan por su intersección. Es por adición de probabilidades, es por intersección de "líneas de hechos" que he procedido» (*Écrits et paroles*, vol. I, p. 149; *Mélanges*, p. 483; *Écrits philosophiques*, p. 252).

55 Cf. *op. cit.*: «Vuelvo siempre a esta idea de que la tesis del paralelismo es una pura hipótesis metafísica, a la que correspondería en estricta justicia el *onus probandi*, y que será refutada *ipso facto*, al menos provisoriamente, si se muestra que todos los hechos conocidos sugieren otra» (*Écrits et paroles*, vol. I, p. 161; *Mélanges*, p. 496; *Écrits philosophiques*, p. 266). El *onus probandi* es la carga de la prueba.

56 Cf. la carta de Bergson a F. Sartiaux (27 de enero de 1916): «La supervivencia de la personalidad humana no es matemáticamente demostrable, sin duda, pero me parece bastante probable. Creo incluso haber aportado un comienzo de prueba experimental, al establecer que las diversas funciones del pensamiento, y en particular la memoria, están lejos de depender tanto del cerebro como se ha creído hasta ahora (ver *Materia y memoria*, cap. II y III). Por un estudio atento de las enfermedades de la memoria, en particular de las afasias, fui guiado a la conclusión de que el cerebro es un órgano de realización. Permite al pensamiento insertarse en la vida. Pero es todo. Y el pensamiento propiamente dicho, con la memoria, no debe estar más unido al destino del cerebro como el cuchillo no está unido al destino de su punta (porque el cerebro corresponde a la punta extrema de la vida mental). Es

Consecuencias: exaltación moral

He aquí una consecuencia muy grave, según creo, para la Humanidad. Hay otra. Estoy convencido de que, partiendo de una filosofía de este género, y siguiéndola en todas sus resultantes, se puede llegar a transformar, a transfigurar la vida diaria[57]. Una vez orientados en esa dirección, y encarrilados en esa vía, podemos darnos cuenta de esa independencia, de ese desprendimiento parcial del espíritu y del cuerpo, y la convicción así adquirida será como una iluminación de nuestra vida interior y de toda nuestra existencia. Hablaba de la alegría del artista y de la emoción que siente al contemplar la realidad directamente, sin velos[58]. Pero ese placer, esa alegría podemos dárnosla nosotros, no sólo en punto a las formas y a los colores, sino a propósito de todos los incidentes, aun los más triviales de la vida diaria. La conciencia que adquirimos de nuestra existencia espiritual se intensifica, y mientras que el artista es un privilegiado –no es artista quien quiere–, por el contrario, no hace falta tener disposiciones especiales para llegar a este estado de ánimo: bastará

decir que, luego de la disgregación del cuerpo, el pensamiento subsiste muy probablemente, con la memoria, y por consiguiente con el sentimiento de la personalidad. En todo caso, es a aquél que niega la supervivencia, mucho más que a aquél que la afirma, que debería corresponder, en estricto derecho, la obligación de la prueba» (*Correspondances II*, p. 256).

57   Cf. «La perception du changement»: «No solo ganaría con ello la filosofía, sino que nuestra vida de todos los días –quiero decir la impresión que hacen las cosas sobre nosotros y la reacción de nuestra inteligencia, de nuestra sensibilidad y de nuestra voluntad sobre ellas– sería quizá transformada y como transfigurada. Es que, por lo general, miramos el cambio, pero no lo apercibimos» (*La pensée et le mouvant*, p. 144).

58   El tema de la emoción, aquí apenas mencionado, cobrará una gran importancia en *Las dos fuentes de la moral y de la religión*: «Creación significa, ante todo, emoción. [...] ¡Qué no ocurrirá en la literatura y en el arte! Por lo general, la obra genial ha salido de una emoción única en su género que se hubiese creído inexpresable y que ha querido expresarse. ¿Pero no ocurre así en toda obra, por imperfecta que sea, en la que hay una parte de creación? Quien se ejercite en la composición literaria habrá podido comprobar la diferencia que existe entre la inteligencia dejada a sí misma y la que consume con su fuego la emoción original y única, nacida de una coincidencia entre el autor y su tema, es decir de una intuición» (*Les deux sources de la morale et de la religion*, pp. 42-43).

haber hecho estación en las reflexiones requeridas, haberse dado a
sí mismo la educación necesaria[59].

El espíritu de sacrificio en la Francia actual

Preveo que, conforme la filosofía vaya caminando en esta dirección, irá fraguándose una verdadera renovación espiritual de la humanidad. No dudo que de los países latinos será, particularmente, de
donde salga la señal de esta nueva vida, porque no fueron ellos los
que inventaron esas teorías que niegan sistemáticamente la libertad
y la fuerza creadora del espíritu. El idealismo[60] constituye el fondo
de su naturaleza. Permitidme que os diga que ese idealismo es, espe-
cialmente, el fondo del espíritu de Francia. Ha extrañado mucho
eso que se llama el *despertar* de la Francia actual, el retoño de todas
nuestras actividades espirituales. Hay quien se ha admirado de ese
inmenso espíritu de sacrificio que se revela en nuestro país, y del
cual no sería fácil dar idea. Puede decirse que todos, de antemano,
han hecho todos los sacrificios. He visto hombres que habían perdido todo en esta guerra, y no se quejaban. He visto mutilados que
no tenían brazos, que no tenían piernas, y no se quejaban. He visto

---

59 Cf. «Le possible et le réel»: «La filosofía ganará con ello encontrar algún
    absoluto en el mundo moviente de los fenómenos. Pero ganaremos también
    el sentirnos más alegres y más fuertes. Más alegres, porque la realidad que
    se inventa ante nuestros ojos dará a cada uno de nosotros, sin cesar, ciertas
    satisfacciones que el arte procura de vez en cuando a los privilegiados de la
    fortuna; nos descubrirá, más allá de la fijeza y de la monotonía que perci-
    bían primero nuestros sentidos hipnotizados por la constancia de nuestras
    necesidades, la novedad sin cesar renaciente, la moviente originalidad de
    las cosas. Pero seremos sobre todo más fuertes, porque nos sentiremos par-
    ticipar, creadores de nosotros mismos, en la gran obra de creación que está
    en el origen y que prosigue ante nuestros ojos. Nuestra facultad de actuar,
    al recuperarse, se intensificará. Humillados hasta entonces en una actitud
    de obediencia, esclavos de no sé qué necesidades naturales, nos levantare-
    mos, como maestros asociados a un gran Maestro. Tal será la conclusión de
    nuestro estudio. Cuidémonos de ver un simple juego en una especulación
    sobre las relaciones de lo posible y lo real. Puede ser una preparación para
    vivir bien» (*La pensée et le mouvant*, p. 116).

60 Cf. «La perception du changement»: «Señalemos que el artista siempre ha
    pasado por ser un "idealista". Se entiende por ello que se preocupa menos
    que nosotros del lado positivo y material de la vida» (*op. cit.*, p. 151).

ciegos, casi niños, condenados a pasar una vida, quizá larga, en las tinieblas, y no se quejaban. He visto padres, madres que habían perdido un hijo, dos hijos, tres hijos; no lloraban. Este inmenso espíritu de sacrificio, ¿de dónde sale? ¿Es algo del todo nuevo? ¿Creéis que semejantes energías puedan, en efecto, crearse de un golpe, en un instante? No, no. Si fuerais a Francia, tendríais la misma impresión. No veríais grandes gestos, no escucharíais grandes frases. Si fuerais al frente, veríais un valor muy sencillo y muy tranquilo: el valor de hombres que, sabiendo que defienden un ideal excelso, un ideal de justicia y de humanidad, se han transportado, por el pensamiento, a ese ideal, que es eterno, y, participando desde ese momento mismo de su eternidad, no se preocupan ya de lo restante y van a la muerte, a una muerte cierta, con un sentimiento de perfecta tranquilidad. Eso es lo que veríais.

La filosofía del espíritu

Mañana, cuando el espíritu haya triunfado; cuando las fuerzas espirituales a que me refería antes hayan revelado su potencia creadora; cuando hayan opuesto a la más formidable preparación material que el mundo ha visto –preparación militar, preparación industrial– fuerzas iguales y superiores, verdaderamente improvisadas –pues hubo ¡ay! que improvisarlas–, pero fuerzas que son literalmente creaciones del aliento moral y espiritual; mañana, digo, un gran soplo de espiritualidad pasará por el mundo, y, entonces, estoy seguro que se verá demostrado, no sólo por los hechos de que hablaba, hechos patológicos, hechos normales, hechos científicos, no sólo por esos hechos, sino por otros, por la acción y no por la especulación[61]; mañana quedará demostrada la potencia creadora de las

---

61 Cf. la carta de Bergson a D. Parodi (23 de mayo de 1919): «Si el conocimiento del espíritu debe ser sobre todo intuitivo, el de la materia es casi exclusivamente intelectual. No veo ninguna incompatibilidad entre estas dos afirmaciones, siendo dada la relación que establezco entre la materia y el espíritu. Por otra parte, no creo en absoluto que las ideas que expongo inclinen a la pasividad, a la contemplación pura. He querido, he creído hacer todo lo contrario, impulsar a la acción, al esfuerzo, a la vida intensa y generosa. Es así, además, que la doctrina ha sido comprendida por aquellos en los que ha influido. La intuición disipa las oscuridades metafísicas y las dudas,

fuerzas espirituales, y se establecerá, yo lo espero así, por ese doble método y sobre esa doble base, la filosofía, cuyas líneas generales he querido trazar aquí, aunque imperfectamente, y que yo llamaría, si lo permitís, la filosofía del espíritu.

hace desvanecer los falsos problemas y las especulaciones ociosas, libera la voluntad y le revela su potencia creadora» (*Correspondances II*, p. 315).

LA PERSONALIDAD

En la conferencia anterior, que me hicisteis el honor de escuchar con tan benévola atención, he tratado de evidenciar la independencia relativa del alma respecto del cuerpo. No pretendo que en el actual estado de cosas, aquí en el mundo, el alma pueda pensar, sentir, querer independientemente del cuerpo; la conciencia no está hasta ese punto desprendida del cerebro. Tampoco sostengo que las enfermedades mentales no sean enfermedades cerebrales. Pero intenté establecer que la tesis, según la cual la conciencia no es más que una especie de duplicado de la actividad cerebral, y se limita a iluminar los movimientos de la materia nerviosa, que esa tesis, aun cuando quiere presentarse como científica, no es en realidad más que una hipótesis metafísica, una metafísica inconsciente de sí misma. La peor manera de ser metafísico es serlo sin saberlo[1]. Esto ocurre a la teoría del paralelismo. Es una metafísica disfrazada de ciencia. La idea de que los estados de conciencia son a modo de fosforescencias

---

1   Cf. la carta de Bergson a G.M. Sauvage (7 de mayo de 1908): «La ciencia positiva expresa el punto de vista de la inteligencia; el espiritualismo, el de la intuición. Intuición e inteligencia tienen su razón de ser y son igualmente dignas de fe, pero en dominios diferentes, aquélla en el dominio del espíritu, ésta en el dominio de la materia. Por eso los resultados de la ciencia, *tomados en estado puro*, no pueden contradecir los datos de la intuición; si parecen contradecirlos, es que la ciencia se habrá impregnado, sin saberlo, de alguna metafísica inconsciente. He intentado exponer esta metafísica allí donde se ocultaba. Y, por otra parte, he mostrado que los datos de la psicofisiología, de la biología, etc., cuando se los toma en estado puro, no contradicen de ninguna manera los de la intuición, y los determinan incluso en cierto modo» (*Correspondances II*, p. 103).

que iluminan el rastro de los fenómenos cerebrales correspondientes, esta idea no se halla verificada por los hechos.

El espíritu y el cerebro

Si consideramos los hechos conocidos y sólo éstos, si estudiamos sin prejuicios las lesiones mentales que sabemos corresponden exactamente a lesiones cerebrales determinadas –me refiero a las que conciernen a las distintas clases de memoria verbal–, si luego examinamos las conclusiones que inmediatamente se desprenden, hallamos que el cerebro debe ser con respecto al pensamiento y a la actividad del alma, un órgano que dibuja o bosqueja las acciones implícitas en cada uno de nuestros estados de conciencia, un órgano por consiguiente que lleva el compás interior de la vida espiritual, un órgano que permite al espíritu introducirse en las cosas, influir en ellas, iniciando por adelantado el acto inminente. El cerebro fija la atención del espíritu sobre las realidades materiales y, al mismo tiempo, limita el espíritu, le pone anteojeras[2], como las que llevan los caballos para impedirles que miren de lado y obligarles a mirar de frente[3]. El cerebro nos hace ese favor, que es a la vez imponernos un sacrificio. Nos cierra el horizonte a la derecha y a la izquierda, y sobre todo nos imposibilita volver la vista hacia atrás. Pero, en cambio, podemos concentrar la mirada en el objeto que tenemos delante; el destino de la vida es ante todo la acción[4].

El marco y el cuadro

Quisiera, señoras y señores, continuar hoy este estudio, tratando la cuestión de la personalidad humana. Maravilla la diversidad de las personas, tan rica como la diversidad de las fisonomías, y no sin

---

2   En la versión de García Morente dice: orejeras.

3   La misma imagen se encuentra en la conferencia «La perception du changement». Cf. *La pensée et le mouvant*, p. 152.

4   Cf. *Matière et mémoire*, pp. 256-257: «Partimos, por tanto, de esta fuerza para actuar como del verdadero principio. Supongamos que el cuerpo es únicamente un centro de acción, y veamos qué consecuencias se derivan de ahí para la percepción, para la memoria, y para las relaciones del cuerpo con la mente».

relación con esta diversidad de fisonomías. La personalidad física no deja de traducir en cierta medida la personalidad moral[5]. No la determina; a una personalidad física definida, no corresponde necesariamente una definida personalidad moral, como a un marco no corresponde necesariamente un determinado cuadro. Pero así como en un marco no es posible poner cualquier cuadro, sino solamente aquellos cuadros que tengan las dimensiones y la forma del marco, así también en una personalidad física determinada no puede infundirse cualquier personalidad moral. Muchas personalidades morales son posibles con un físico, con una fisonomía determinada, pero no cualquier personalidad[6].

Personalidades virtuales.
El arte, creación de personas vivas

Sería muy interesante mostrar cómo, en el transcurso de nuestra existencia, preséntanse muchas personalidades morales posibles, entran en competición y concurrencia, y nuestra vida debe elegir entre ellas. Pronto elegimos una, para irla modificando poco a poco, para hacerla progresar, y, a veces, retroceder. Nuestra vida moral es así una elección y una creación. Es curioso ver cómo, en la infan-

---

5   La distinción entre «personalidad física» y «personalidad moral» se encuentra en la obra de Pierre Janet, *Les obsessions et la psychasthénie I*, Félix Alcan, Paris, 1903, p. 58. Bergson tenía en alta estima este texto: «encontrarán la descripción profunda de los trastornos psicasténicos en un muy bello libro que Janet ha escrito sobre este tema. Es un libro reciente, muy interesante, diría apasionante incluso para el psicólogo y en el que todas estas formas de la psicastenia son indicadas y clasificadas» (*Histoire des théories de la mémoire. Cours au Collège de France 1903-1904*, p. 161).

6   Cf. «Onze conférences sur "La personnalité" aux Gifford Lectures d'Edinburgh»: «Si adoptamos tal concepción de la relación del espíritu con el cuerpo, encontramos que el carácter de la persona tiene una cierta relación con su temperamento físico, pero no depende de él de una manera absoluta. El organismo físico da a la personalidad moral un marco en el que ella no puede sin duda introducir *cualquier* imagen, pero en el que es libre no obstante de introducir un número infinito de imágenes, todas diferentes. Sin ninguna duda, hay entre todos los personajes que podríamos darnos algo en común, un marco, una determinada relación entre los elementos; pero no son menos diferentes unos de otros, y todos son igualmente compatibles con el organismo físico» (*Mélanges*, pp. 1069 [versión en inglés] y 1085; *Écrits philosophiques*, p. 437).

cia sobre todo, se dibuja esta multiplicidad de personas morales virtuales. La niñez en esto es mucho más rica que la edad madura. Sonreímos cuando vemos a una madre pasmada de admiración ante su hijo, como ante un ser maravilloso. Ella percibe en el niño una infinidad de cosas, y tiene razón, pues todas esas cosas están en él realmente[7]. La esperanza está siempre más llena, es siempre más densa que la realidad, porque la realidad elije y la esperanza es la representación, en un momento dado, de muchos futuros igualmente posibles[8]. Supongamos que se realice el más brillante, el más complejo de todos; habrá sido necesario sacrificar los otros, y muchísimas virtualidades se habrán perdido para siempre. Lo mismo ocurre en el tránsito de la niñez a la madurez. Conforme vamos avanzando en la vida, vamos tirando por la borda muchas posibles personalidades. Y el genio creador del poeta, del autor dramático, del gran novelista, ¿no será una especie de prolongación de la infancia en la edad madura, prolongación reducida en este caso al campo de la imaginación? Un Cervantes, por ejemplo, es un creador de personajes: Don Quijote, Sancho Panza –dispensad mi pronunciación–, y mil otros personajes vivos y activos. ¿Cómo los ha creado? ¿Será arreglando y recomponiendo fragmentos conocidos? Pero por medio de esa labor de mosaico no se llegará nunca a crear un ser vivo. La vida es la que engendra vida, y todos esos seres vivientes han salido de la vida misma del poeta, del novelista. Ellos son el poeta mismo, ellos son el mismo Cervantes, tal como hubiera podido ser, las vidas que hubiera podido vivir, si hubiese vivido cincuenta vidas y no una sola. Todas esas existencias que están virtualmente incluidas en la suya única, Cervantes las ha realizado, las ha sacado de sí mismo, las ha

---

7   Cf. *Les deux sources de la morale et de la religion*, p. 41 (nota 1): «¡Cuántas cosas surgen ante los ojos maravillados de una madre que mira a su hijito! ¿Ilusión quizá? No es seguro. Digamos más bien que la realidad está llena de posibilidades, y que la madre ve en el niño no solo lo que será sino también todo lo que podría ser si no tuviese que elegir, y por tanto excluir, en cada momento de su vida».

8   Cf. *Essai sur les données immédiates de la conscience*, p. 7: «La idea del porvenir, plena de una infinidad de posibles, es pues más fecunda que el porvenir mismo, y por eso se encuentra más encanto en la esperanza que en la posesión, en el sueño que en la realidad».

proyectado hacia afuera, y he ahí los personajes creados[9]. ¡Cuántas cosas más podrían decirse analizando así las diferentes personalidades morales que existen, que coexisten en cada uno de nosotros, y comparándolas con las personalidades físicas que definíamos el día anterior[10]! Mas este no será el objeto de la presente conferencia.

El problema metafísico y el problema psicológico de la personalidad

Me ha parecido ver, señoras y señores, que prestabais una atención tan grande y tan viva a las más difíciles cuestiones de la filosofía, que quisiera atraer y retener hoy esa atención sobre las dificultades que presenta el problema de la personalidad[11]. Así aprovecharé –y confieso que en esto hay algo de egoísmo por mi parte–, así aprovecharé los pocos minutos que me quedan que pasar con vosotros. Quisiera, pues, en esos breves instantes, condensar el mayor número de cosas posibles. Trataré del problema filosófico, metafísico de la

---

9 Cf. *Le rire*, p. 128: «¿Cómo suponer, además, que el mismo hombre haya sido Macbeth, Otelo, Hamlet, el rey Lear, y muchos otros más? Pero quizá cabría distinguir aquí entre la personalidad que *se tiene* y las que *se habría podido* tener. Nuestro carácter es el efecto de una elección que se renueva sin cesar. Hay puntos de bifurcación (al menos aparentes) a lo largo de nuestro camino, y apercibimos numerosas direcciones posibles, aunque solo podamos seguir una. Volver sobre sus pasos, seguir hasta el extremo las direcciones entrevistas, en esto parece consistir precisamente la imaginación poética. Sé que Shakespeare no ha sido ni Macbeth, ni Hamlet, ni Otelo; pero *habría sido* esos diversos personajes si las circunstancias, por un lado, el consentimiento de su voluntad, por otro, hubiesen llevado al estado de erupción violenta lo que en él no fue más que un empuje interior. Es equivocarse extrañamente con respecto al papel de la imaginación poética creer que compone sus héroes con trozos tomados acá y allá, a su alrededor, como para confeccionar un traje de Arlequín. Nada vivo saldría de eso. La vida no se recompone».

10 Debe ser un error taquigráfico; en el apartado anterior mencionó las personalidades físicas.

11 Cf. «Onze conférences sur "La personnalité" aux Gifford Lectures d'Edinburgh»: «Se puede considerar la cuestión de la personalidad como el problema central de la filosofía [...]. Es así porque se advierte que todos los asuntos filosóficos convergen hacia este problema supremo, que aparece pues como el centro en torno al cual toda la filosofía gravita o debería gravitar» (*Mélanges*, pp. 1051-1052 [versión en inglés] y 1071; *Écrits philosophiques*, p. 419).

---

personalidad; luego del problema psicológico, en lo que tiene de más intrincado. Me apresuro a declarar que de estos dos problemas hay uno, el que ha cautivado la meditación de los filósofos desde la antigüedad, que me parece artificial, y si lo trato, será a manera de ejemplo, para hacer ver cómo y por qué motivos son artificiales algunas de las más grandes dificultades que han detenido a la filosofía[12]. Luego volveré sobre el segundo problema que se refiere no a ficciones, sino a realidades.

La unidad de los estados de conciencia

¿Cuál es el problema metafísico de la personalidad? Es el siguiente. ¿Cómo una personalidad es algo único? Cuando nuestra conciencia vuelve sus miradas hacia dentro, ¿qué es lo que percibe? Un estado de ánimo, luego otro estado de ánimo, luego otro, y así sucesivamente, ideas, sensaciones, juicios. Todos esos estados, empero, se mantienen unos a otros, se juntan y constituyen lo que cada uno de nosotros llama una persona. ¿Cómo es esto posible? ¿Cuál es el lazo que une unos con otros estos estados discontinuos? Hablando con más precisión, hay, según se dice, una sucesión de estados de conciencia en el tiempo, y para enlazar todos esos estados hace falta algo; ¿qué es lo que hay? Cuando nuestra conciencia se vuelve a mirar hacia dentro, lo que encuentra es siempre un estado, y, sin embargo, debe haber alguna cosa distinta de los estados de alma para unir, para juntar los eslabones de la cadena[13].

---

12 Cf. «Le possible et le réel»: «Estimo que los grandes problemas metafísicos están mal planteados por lo general, que se resuelven a menudo por sí mismos cuando se corrige su enunciado, o bien entonces que se trata de problemas formulados en términos de ilusión, y que se desvanecen cuando se mira de cerca los términos de la fórmula» (*La pensée et le mouvant*, pp. 104-105).

13 Cf. «Onze conférences sur "La personnalité" aux Gifford Lectures d'Edinburgh»: «¿cómo nuestra persona puede ser por una parte una o simple, y por otra parte múltiple?» (*Mélanges*, pp. 1055 [versión en inglés] y 1074; *Écrits philosophiques*, p. 422).

Las dos personalidades

He aquí el problema que, sin haber sido formulado de una manera tan explícita, ha fijado la atención de los filósofos desde la antigüedad, desde Plotino e incluso –sin que tuvieran plena conciencia de ello– desde Aristóteles[14] y Platón[15]. La solución adoptada por los filósofos, por los metafísicos, desde Plotino, es próximamente ésta: hay dos personalidades, una, que es la persona verdadera, real, sita en la eternidad, fuera del tiempo, y luego otra, la serie toda de los estados de conciencia que se siguen y se desenvuelven en el tiempo. Esta segunda personalidad no es sino una sombra o proyección de la primera en el tiempo. Si tomamos el ejemplo dado por Plotino mismo, diremos que por un lado está el Sócrates verdadero, el Sócrates eterno, que habita una región ultratemporal, y por otro lado, el Sócrates que nace, vive y muere, que se desarrolla en el tiempo, y que no es, si se me permite la frase, más que la moneda de vellón del verdadero Sócrates, indiviso e indivisible, como el escudo de oro[16]. Esta solución podrá parecer extraña, extraordinaria; pero es la que se impone, creo yo, cuando se admite que la persona es una colección de estados de conciencia. Si los estados de conciencia se conciben como una especie de polvo que se esparrama por el tiempo, nada podrá unir esos granitos de polvo, y habrá que suponer que en todo lo alto hay alguna cosa de donde se desprenden esos granitos,

---

14   Sobre Aristóteles, cf. *Histoire de l'idée de temps. Cours au Collège de France 1902-1903*, lección IX, pp. 151-166.

15   Sobre Platón, cf. *L'évolution du problème de la liberté. Cours au Collège de France 1904-1905*, lección IV, pp. 65-82.

16   Cf. «Onze conférences sur "La personnalité" aux Gifford Lectures d'Edinburgh»: «Ha supuesto [Plotino] que cada uno de nosotros era múltiple "en nuestra naturaleza inferior" y uno "en nuestra naturaleza superior". En otros términos, consideraba a la persona como un ser esencialmente uno e indivisible, que, por una suerte de descenso o distancia más allá de sí mismo, cae en la multiplicidad indefinida [...]. En este caso es necesario admitir que cada uno de nosotros tiene dos existencias diferentes, una *de jure* y otra *de facto. De jure* estamos fuera del tiempo; *de facto* evolucionamos en el tiempo. *De jure* somos Ideas puras, en el sentido semi-platónico del término –somos esencias eternas– somos "pura contemplación". *De facto* nuestra vida está en el mundo sensible, y actuamos» (*Mélanges*, pp. 1055-1056 [versión en inglés] y 1074; *Écrits philosophiques*, pp. 422-423).

una unidad equivalente a esta multiplicidad[17]. Esta solución ha caminado con los siglos. Volvemos a encontrarla en Leibnitz, y, bajo otra forma, en Spinoza; pero siempre como dos personalidades: una en lo eterno, y otra en lo temporal, siendo esta última el desarrollo de la primera[18]. Esto dura hasta Kant, quien admite también que nuestra personalidad, tal como la conciencia la aprehende, es una serie de estados discontinuos, pero comprendiendo que una unidad eterna, intemporal, como la supuesta por los metafísicos, es algo que nuestra conciencia no puede percibir, y convencido, por otra parte, de la existencia de esa unidad, saca la conclusión de que nuestra conciencia, nuestra facultad de conocer, no alcanza hasta ella[19].

---

17   Cf. *op. cit.*: «Se puede considerar a la filosofía de Plotino como el tipo mismo de la Metafísica a la que se es finalmente conducido cuando se considera el tiempo interno como pulverizado en momentos separados, y que sin embargo se cree en la realidad y la unidad de la Persona" (*Mélanges*, p. 1056 [versión en inglés] y 1074; *Écrits philosophiques*, p. 423).

18   Cf. *op. cit.*: «Así, estas doctrinas [de Leibniz y Spinoza] se condenan por su método mismo: 1) en la medida en que niegan la libertad humana o la definen de tal modo que sea equivalente a la necesidad; 2) en la medida en que hacen de la evolución del espíritu en el Tiempo una ilusión (una "percepción confusa", como decía Leibniz, o una "idea inadecuada", como decía Spinoza). Lo que equivale a decir que, hasta Kant, la metafísica del espíritu no era más que la de Plotino, mutilada y por lo mismo debilitada» (*Mélanges*, p. 1059 [versión en inglés] y 1077; *Écrits philosophiques*, p. 426).

19   Cf. *op. cit.*: «No es tampoco sorprendente que incluso Kant, que ataca esta metafísica porque no piensa que podamos por algún esfuerzo situarnos fuera del Tiempo, distinga, sin embargo, como sus predecesores, dos yoes diferentes. Se diferencia de sus predecesores diciendo simplemente que uno de los dos yoes, el yo verdadero, es inaccesible a nuestra facultad de conocer y se nos escapa absolutamente. Sin ninguna duda, tenemos conciencia por lo general de una cierta unidad de nuestra persona. Pero según Kant, esta unidad no es más que una unidad exterior y artificial, que une estados psíquicos a otros estados psíquicos, y que se les impone desde el exterior. Es una imitación, o más bien una falsificación, de la unidad verdadera, que, según él, es una unidad interior y viva. Esta unidad se nos escapará siempre» (*Mélanges*, pp. 1060-1061 [versión en inglés] y 1078; *Écrits philosophiques*, p. 428).

La ilusión cinematográfica de la discontinuidad

Esta es la metafísica de la cuestión, y, ciertamente, habría que admitir la solución kantiana, como han hecho muchos, si en efecto la conciencia nos presentase una serie de estados de alma discontinuos, en constante sucesión. Pero esa discontinuidad es una ilusión, ilusión análoga a la que tendría, por ejemplo, un cinematógrafo consciente de sí mismo que tomase una serie de vistas fotográficas instantáneas de un movimiento, y, al contemplar luego una serie de fotografías inmóviles, sacase la conclusión de que la escena movida no es más que una suma de inmovilidades[20]. Mas con esas inmovilidades en vano intentaría nuestro cinematógrafo, amigo de la metafísica, explicar cómo la continuidad, una e indivisa del movimiento, puede existir, e imaginaría teorías filosóficas hasta el momento en que un kantiano viniese a probarle la imposibilidad de conocer la íntima y última realidad de las cosas.

El movimiento

Nuestra personalidad apréhéndela la conciencia de muy otra manera. Es una continuidad de movimiento, una continuidad de cambio. Aquí tocamos al problema metafísico fundamental, radical, a la cuestión de cómo ha de considerarse el movimiento y el cambio. Yo creo, por mi parte, que las más grandes dificultades acumuladas por los filósofos, los mayores problemas, las cuestiones insolubles de la metafísica, provienen de haber considerado el movimiento desde la inmovilidad, o, más claramente, de no haber comprendido que el cambio y el movimiento se hallan en la raíz misma de toda realidad. Estamos acostumbrados a creer que la inmovilidad es cosa más

---

20   Cf. *L'évolution créatrice*, p. 305: «Ese es el artificio del cinematógrafo. Y ese es también el de nuestro conocimiento. En lugar de unirnos al devenir interior de las cosas, nos situamos fuera de ellas para reconstruir su devenir artificialmente. Tomamos vistas casi instantáneas sobre la realidad que pasa, y, como son características de esa realidad, nos basta enhebrarlas a lo largo de un devenir abstracto, uniforme e invisible, situado en el fondo del aparato del conocimiento, para imitar lo que hay de característico en este devenir mismo».

real y fundamental que el movimiento[21]. Nos complace pensar que la inmovilidad es lo dado primero, y que el movimiento sobreviene después; siempre empezamos por suponer algo inmóvil, y el movimiento sucede luego en ese *quid* inmóvil[22]. Sin embargo, miremos la cosa de cerca. Veremos que lo que hay de real en el mundo no es la inmovilidad, sino el movimiento. Lo que llamamos inmovilidad no es más que un caso particular de movimiento. En este instante digo que esta mesa está inmóvil; pero sé muy bien que está moviéndose, arrastrada por la tierra, en su revolución en torno al sol, y por el sol, en su movimiento hacia la constelación de Hércules.

La inmovilidad: dos movimientos

Nada hay inmóvil en el mundo. ¿A qué llamamos inmovilidad? Cuando vamos en el tren, y otro tren se mueve en la misma dirección que el nuestro, con la misma velocidad, sobre una vía paralela, decimos que ese tren está inmóvil con relación al nuestro. Pues eso es todo lo que hay en la inmovilidad. La inmovilidad es la coexistencia de dos movimientos. Pero si ello es así, el movimiento es cosa más

---

21   Cf. «La perception du changement»: «A decir verdad, no hay nunca inmovilidad verdadera, si entendemos por eso una ausencia de movimiento. El movimiento es la realidad misma y lo que llamamos inmovilidad es un cierto estado de cosas análogo al que se produce cuando dos trenes marchan con la misma velocidad, en el mismo sentido, sobre dos vías paralelas. Cada uno de los dos trenes está entonces inmóvil para los viajeros sentados en el otro. Pero una situación de este género, que es en definitiva excepcional, nos parece ser la situación regular y normal, porque es la que nos permite actuar sobre las cosas y permite también a las cosas actuar sobre nosotros: los viajeros de los dos trenes no pueden darse la mano por la puerta y conversar más que si están "inmóviles", es decir si marchan en el mismo sentido y con la misma velocidad. Siendo la "inmovilidad" aquello de lo que tiene necesidad nuestra acción, la erigimos en realidad, hacemos de ella un absoluto, y vemos en el movimiento algo que se le sobreañade. Nada más legítimo en la práctica. Pero cuando transportamos este hábito mental al dominio de la especulación, desconocemos la verdadera realidad, creamos con gusto problemas insolubles, cerramos los ojos a lo que hay de más vivo en lo real» (*La pensée et le mouvant*, pp. 159-160).

22   Ese *qué* inmóvil es concebido como un sustrato, que Bergson rechaza: «*Hay cambios; pero no hay, bajo el cambio, cosas que cambian: el cambio no tiene necesidad de un soporte. Hay movimientos, pero no hay objeto inerte, invariable, que se mueve: el movimiento no implica un móvil*» (*op. cit.*, p. 163).

simple que la inmovilidad, pues podemos darnos un movimiento único; pero si nos damos una inmovilidad, quiere decir que nos damos, por lo menos, dos movimientos. La inmovilidad es, pues, lo compuesto, y el movimiento lo simple. Así el metafísico que quiere colocarse en la verdad, evitar las dificultades y las contradicciones, y, digámoslo francamente, los absurdos a que de seguida se llega, ese metafísico deberá buscar siempre su punto de apoyo en el movimiento, y no en la inmovilidad. Es preciso partir de ahí. Pero todos nuestros hábitos mentales se orientan en el sentido inverso. Siempre nos parece que la inmovilidad es lo primeramente dado, y que el movimiento viene después. ¿Por qué? Es muy sencillo. Nuestra inteligencia no está hecha para la metafísica; nuestra inteligencia está hecha para la acción, para la vida práctica[23]. ¿Y cuáles son los objetos sobre que nuestra acción se ejerce con comodidad? Son los objetos inmóviles; es decir, los que se hallan, respecto de nosotros, en la misma situación en que se encuentra el tren en movimiento con respecto a otro tren que se mueva en la misma dirección, con idéntica velocidad. Y entonces esa situación singular –pues no es cosa corriente y ordinaria que dos trenes se muevan de esa suerte–, esa situación, en suma, excepcional, pero de una utilidad capitalísima para nuestra acción sobre las cosas, la elevamos a la categoría de una situación privilegiada. Lo es, ciertamente, desde el punto de vista de la acción; pero carece de todo valor para la especulación. Mas, aun en el momento en que especulamos, buscamos nuestro punto de partida en lo inmóvil, y queremos que el movimiento sea

---

23 Cf. la carta de Bergson a M. Pradines (15 de diciembre de 1909): «El conocimiento, ya sea intelectual o intuitivo, es siempre una coincidencia más o menos completa con lo real; pero el gran error es trasladar al conocimiento intuitivo, que es una coincidencia con la actividad creadora, las reglas y formas del conocimiento intelectual, que es una adopción completa o parcial, de la manera de ser de la materia, en vista de la utilidad práctica. Que, además, es necesario reservar a esta última el nombre de conocimiento intelectual, es lo que todo el mundo admitiría si se apercibiese claramente que la inteligencia tiene por función esencial razonar, es decir inducir y deducir, y que inducción y deducción van en el sentido de la materialidad» (*Correspondances*, p. 315).

posterior a la quietud. Nos agradaría afirmar que el movimiento no es más que una serie de inmovilidades, una serie de posiciones[24].

Los argumentos de Zenón de Elea: la flecha

Toda la metafísica ha nacido de los absurdos que se siguen de este modo de considerar las cosas, porque el origen de la especulación metafísica está en los argumentos de Zenón de Elea contra el movimiento[25]. Este filósofo, al formular sus conocidas cuatro pruebas contra el movimiento, dio ocasión a que naciera y se desarrollara la metafísica[26]. Pero los argumentos de Zenón no hacen otra cosa –aunque Zenón no lo haya comprendido así– más que evidenciar las contradicciones que se producen cuando se considera la inmovilidad como algo más simple que el movimiento. El más sencillo de esos cuatro argumentos es el tercero, denominado la flecha. Contemplemos una flecha, lanzada por un arco de un punto a otro, durante un momento del trayecto que está recorriendo. En ese momento está inmóvil; pues para estar en movimiento, hay que ocupar dos posiciones por lo menos, y, por lo tanto, son dos momentos los que hacen falta; pero si sólo cogemos un momento, la flecha está durante ese instante inmóvil. En cada momento del trayecto está, pues, inmóvil la flecha; lo está, por ende, durante todo el trayecto. Así, pues, la fle-

24 Cf. «La perception du changement»: «Pero en esto consiste precisamente nuestro método habitual. Razonamos sobre el movimiento como si estuviese hecho de inmovilidades, y, cuando lo miramos, es con inmovilidades que lo reconstruimos. El movimiento es para nosotros una posición, luego una nueva posición, y así sucesivamente de manera indefinida» (*La pensée et le mouvant*, p. 161).

25 Cf. *op. cit*, p. 156: «La metafísica nació, en efecto, de los argumentos de Zenón de Elea con respecto al cambio y al movimiento. Es Zenón quien, al atraer la atención sobre el absurdo de lo que llamaba movimiento y cambio, llevó a los filósofos –Platón el primero– a buscar la realidad coherente y verdadera en lo que no cambia».

26 A lo largo de toda su obra, Bergson vuelve en reiteradas oportunidades sobre los argumentos de Zenón de Elea: *Essai sur les données immédiates de la conscience*, pp. 75-77; *Matière et mémoire*, pp. 213-215; *L'évolution créatrice*, pp. 308-313; *Les deux sources de la morale et de la religion*, pp. 32 y 208; *La pensée et le mouvant*, pp. 8, 146 y 156.

cha está inmóvil mientras que está moviéndose... y el movimiento es una contradicción.

Indivisibilidad del movimiento

Zenón tendría toda la razón –muchas refutaciones se han buscado y no creo que ninguna sea definitiva– si la inmovilidad fuera cosa más simple que el movimiento. Pero la verdad es que, cuando la flecha lanzada en el punto A viene a caer en el punto B, ese movimiento de A a B es absolutamente indivisible. Los matemáticos, claro está, tienen un interés máximo en considerar la cuestión de distinta manera, y en suponer el movimiento divisible. Pero, en realidad, es un acto simple e indivisible. Pero ocurre que podemos, por medio de la imaginación, ponernos en marcha junto a la flecha y seguir un movimiento idéntico al suyo, con la misma dirección y la misma velocidad; podemos colocarnos, en otros términos, en la situación de los dos trenes de que antes hablaba. Entonces nos representamos, por medio de la coexistencia de ambos movimientos, tantas inmovilidades como queramos, y tenemos así lo que llamamos posiciones, la serie de las posiciones de la flecha. En realidad no hay tales posiciones; si la flecha estuviese verdaderamente en un lugar, se estacionaría allí y tendría que recobrar su aliento motor, en cuyo caso nos hallaríamos ante dos movimientos, en lugar de uno. No puedo entrar a examinar las sutilezas de la cuestión. El movimiento es, en verdad, cosa totalmente indivisible[27].

---

27 Cf. «La perception du changement»: «Les voy a pedir que hagan un esfuerzo violento para apartar algunos de los esquemas artificiales que interponemos, sin saberlo, entre la realidad y nosotros. Se trata de romper con ciertos hábitos de pensar y de percibir que se nos han hecho naturales. Es necesario volver a la percepción directa del cambio y de la movilidad. He aquí un primer resultado de este esfuerzo: *Nos representaremos todo cambio, todo movimiento, como absolutamente indivisibles*» (*La pensée et le mouvant*, pp. 157-158). Esto implica experimentar la duración como «una memoria interior al cambio mismo, memoria que prolonga el antes en el después y les impide ser puros instantes que aparecen y desaparecen en un presente que renacería sin cesar» (*Durée et simultanéité*, p. 41).

Aquiles y la tortuga

Los otros argumentos de Zenón podrían explicarse y refutarse de la misma manera. Dos palabras tan sólo sobre el más famoso de todos, el de Aquiles y la tortuga. Aquiles, el de los pies ligeros, corre tras una tortuga. Nunca la podrá alcanzar. ¿Por qué? Cuando Aquiles sea llegado al punto que la tortuga acaba de dejar, la tortuga habrá caminado algo. Cuando Aquiles haya franqueado el intervalo que aun lo separa de la tortuga, como para recorrer ese intervalo habrá necesitado algún tiempo, la tortuga habrá adelantado algún espacio; y, así, siempre que Aquiles va a alcanzar la tortuga, ésta ha debido abandonar ya el punto en donde se encontraba antes. Aquiles no alcanzará, pues, nunca la tortuga, según el razonamiento. Sin embargo, la alcanza. Yo sé muy bien que ese argumento de Zenón, las matemáticas pretenden resolverlo; y, efectivamente, basta poner el problema en ecuaciones; una sencilla ecuación del primer grado determina el punto en donde Aquiles alcanza a la tortuga. Pero proceder de ese modo es admitir lo que está en cuestión, es presuponer que hay, seguramente, un punto de coincidencia. Mas la cuestión es, precisamente, saber si existe ese punto, y cómo, imitando el movimiento de Aquiles, introduciéndonos en él, por decirlo así, podremos agotar ese infinito. Los metafísicos han buscado muchas contestaciones; los filósofos también. No creo que ninguna sea concluyente. Me parece que el único medio de saber cómo Aquiles consigue alcanzar la tortuga sería –es tan sencillo que los metafísicos no han caído en él–, sería, digo, avistarse con Aquiles y preguntarle cómo se las arregla. Entonces Aquiles contestaría: «Quiere Zenón que, para alcanzar la tortuga, vaya yo primero al punto que la tortuga acaba de abandonar; luego, que de éste vaya al otro que abandonó la tortuga después, y así sucesivamente. Así es como Zenón pretende que yo ande y corra. Pero yo me las compongo de otra manera. Doy un paso, luego otro paso. Mis pasos son indivisibles, y al cabo de un cierto número de ellos salto por encima de la tortuga. La he alcanzado.» Para convencerse de estas afirmaciones de Aquiles, basta comprender que el movimiento, como fenómeno que se produce entre dos detenciones, es algo indivisible.

La vida interior como un continuo movimiento

He dado un rodeo bien largo para llegar a esta conclusión: que nuestra vida psicológica, que nuestra vida interior es algo uno y totalmente indivisible, justamente por ser cambio y movimiento. Si tomamos nuestra existencia interior desde el momento en que nacemos hasta el momento en que morimos, y aún más allá, todo eso, todo ese movimiento es absolutamente como el de la flecha de Zenón: es un salto indivisible que ocupa tiempo, todo el tiempo que se quiera, pero indivisible. Artificiales serán cuantas divisiones queramos introducir en él. Nuestra vida consciente es un flujo[28], tiene la continuidad de una corriente que comenzaría en el momento de nacer para no detenerse nunca más. Es un movimiento indivisible, aunque ocupe una duración indefinida[29]. Ese movimiento lo seguimos con nuestra conciencia, y nuestra conciencia, movida exactamente por el mismo movimiento que nuestra vida interior, se halla respecto de esa vida interior en la misma relación que los dos trenes de que hablaba antes. Entonces nuestra conciencia, volviéndose hacia dentro, percibe un estado de alma, y luego otro, y luego otro. Ella es la que se complace en introducir discontinuidad en nuestra vida interior. Sobreviene el filósofo, quien, ante esta discontinuidad, se pregunta de dónde puede venir la unidad. Mas como la discontinuidad que ha encontrado es artificial, también la unidad que trata de restablecer es artificial. De aquí pueden surgir cuantas doctrinas se quiera, como ocurre cuando se mueve el intelecto en lo artificial, y esas doctrinas son contradictorias unas con otras. Esto dura hasta el día en que llega un filósofo como Kant y proclama que la realidad no puede ser

---

28 Cf. «Introduction (première partie)»: «Lo que es real no son los "estados", simples instantáneas tomadas por nosotros, una vez más, a lo largo del cambio; por el contrario, es el flujo, la continuidad de transición, el cambio mismo. Este cambio es indivisible, incluso sustancial. Si nuestra inteligencia se obstina en juzgarlo inconsistente, en agregarle algún soporte, es porque lo ha reemplazado por una serie de estados yuxtapuestos; pero esta multiplicidad es artificial, y artificial también la unidad que se restablece en ella» (*op. cit.*, pp. 7-8).

29 Según la versión francesa, debería decir: duración definida (cf. *Mélanges*, p. 1223; *Écrits philosophiques*, p. 518). Como no parece ser una modificación imprescindible, optamos por dejar la versión de García Morente.

conocida. Pero la realidad está ahí, ante nosotros, al alcance de todo el mundo. El sentido común resuelve el problema no planteándolo. La unidad de la persona pertenece a la vida interior misma, como continuidad indivisa, y no hay que buscarla en otra parte, fuera del tiempo o en lo incognoscible[30]. Se manifiesta con perfecta claridad en la continuidad de la vida interior si se apartan a un lado las oscuridades artificialmente introducidas por los metafísicos.

Los grandes errores políticos

Lo que acabo de decir acerca del movimiento interior y de la inmovilidad, no me parece sólo importante desde el punto de vista de la metafísica. He hablado de las ilusiones y errores de la metafísica. Pero la mayor parte de las ilusiones y de los errores de la psicología, y hasta de la sociología y de la política misma, vienen de ahí. Suele considerarse la inmovilidad como lo natural, como lo dado, y el cambio, el movimiento, aparece como algo accidental y excepcional, como una anormalidad. Pero, en realidad, lo normal es el cambio y el movimiento. Los grandes errores políticos provienen casi siempre de no haber partido de este hecho: que la realidad se mueve y está constantemente mudando[31]. Se razona sobre una persona, sobre un pueblo, como si fuera y siguiera siempre siendo lo que ha sido. Una vez denominado y definido, nos lo representamos en un determinado momento, y creemos que ha de permanecer así. Pero, en realidad, el

---

30   Cf. «Onze conférences sur "La personnalité" aux Gifford Lectures d'Edinburgh»: «Lo que llamamos nuestra personalidad es una cierta continuidad de cambio; pero esta continuidad de cambio es indivisible; es de una pieza, de un extremo al otro de la totalidad de la existencia de la conciencia; y esta indivisibilidad constituye su sustancialidad. Nuestro pasado permanece para nosotros continuamente presente» (*Mélanges*, pp. 1062 [versión en inglés] y 1079; *Écrits philosophiques*, p. 429).

31   Cf. «Introduction (deuxième partie)»: «Sin duda, en el cuadro rígido de las instituciones, sostenida por esta rigidez misma, la sociedad evoluciona. Incluso, el deber del hombre de Estado consiste en seguir estas variaciones y modificar la institución cuando todavía hay tiempo. De diez errores políticos, nueve consisten simplemente en creer aún verdadero lo que ha dejado de serlo. Pero el décimo, que podrá resultar el más grave, consistirá en no creer ya como verdadero lo que, sin embargo, sigue siéndolo» (*La pensée et le mouvant*, p. 97).

nombre y la definición son como etiquetas pegadas sobre algo que cambia, y el que quiere obrar e influir en la dirección que sigue la realidad, deberá, por un esfuerzo de imaginación, de penetración, colocarse en el seno de ese movimiento y adoptar la variación en su pensamiento. Así es como podrá anticiparse al futuro.

El problema psicológico. El esfuerzo para ser persona

Pero dejemos este problema general del movimiento y de la variación; dejemos también el problema de la unidad de la persona en lo que tiene de metafísico, y vengamos al aspecto psicológico de la cuestión[32].

En cierto sentido, es también el problema de la unidad personal el que preocupa a la psicología. Pero en un sentido muy distinto. Se trata de saber lo que significan esas rupturas, esas quebraduras supuestas de la personalidad que se producen en algunos estados excepcionales. Decíamos que la conciencia, al mirar dentro del espíritu, percibía el fluir indiviso de la vida interior. Mas la experiencia parece evidenciar que muchas veces ese flujo se interrumpe, y la continuidad de la vida interior se rompe en trozos independientes unos de otros. Me refiero a esos fenómenos de disociación, de desdoblamiento de la personalidad.

Pero primero quisiera llamar vuestra atención sobre el carácter especial de ese movimiento de la vida interior de que acabamos de hablar. No hay que figurarse ese movimiento indiviso que anima la conciencia desde el nacimiento hasta la muerte, y más allá; no hay que figurárselo, digo, como un movimiento fácil, y que se realiza sin trabajo. Notemos que es propio del hombre. Sólo el hombre es una personalidad. Sólo él constituye, en su vida interior y consciente, una continuidad indivisa. Mi querido y eminente amigo *monsieur*[33] Edmond Perrier[34], nos hablaba de la inteligencia de los animales, y nos hacía notar que esa inteligencia es muy superior a lo que cree

---

32   Se trata, como siempre en Bergson, de «una psicología que se prolonga en metafísica» (*Durée et simultanéité*, pp. 32-33).

33   La cursiva es de la presente edición.

34   Edmond Perrier (1844-1921) fue un destacado naturalista, director del Museo nacional de historia natural (1900-1919) y presidente de la Academia de cien-

mucha gente. En efecto, estamos lejos de haber hecho justicia al animal. Pero si consideramos, no la inteligencia en particular, sino el conjunto de la vida interior del animal, es muy problemático –no podemos penetrar en el interior de la vida consciente del animal, y, por tanto, sólo nos son permitidas hipótesis–, es muy dudoso que el animal tenga el sentimiento de la continuidad en su vida interior, desde el principio hasta el fin de su carrera, si puedo expresarme en estos términos. El animal tiene consciencia de sí mismo, claro está. Tiene una cierta memoria. Pero me figuro que aun el más inteligente de los animales, un perro, un mono, un elefante, no desenvuelve una vida interior semejante, en su movimiento, al movimiento de la flecha, que va sin detenerse de un punto a otro, sino que el animal pasa, desde el principio hasta el fin, por una serie de movimientos en donde se intercalan detenciones. El animal superior quisiera tener una personalidad, y se esfuerza por conquistarla. Pero parece como si para dejar pasar ese flujo de la vida interior, sin interrupción, fuera necesario mantener continuamente comprimido un resorte de acero. El animal no debe tener la fuerza bastante para conseguirlo; el resorte se dispara en seguida. El hombre, por el contrario, consigue dejar comprimido el resorte, y el flujo de su vida consciente pasa continuamente sin escindirse en trozos[35]. Esto cuesta trabajo, representa un fatigoso esfuerzo. Cansa mucho ser persona, como también es muy cansador permanecer erguido y andar en dos pies. Para adoptar esta actitud ha sido necesario un esfuerzo fatigoso, un esfuerzo que acaso nos está costando más de lo que parece. Pues bien: esa fatiga que se experimenta para ser persona la aprehendemos, la percibimos directamente en el supuesto desdoblamiento de la personalidad.

---

cias en 1915. Formó parte de la comitiva enviada a España por el gobierno francés.

35 Cf. «Onze conférences sur "La personnalité" aux Gifford Lectures d'Edinburgh»: «Se podrían resumir nuestras consideraciones sobre la personalidad diciendo que lo que caracteriza a la persona es, a nuestro juicio, la *continuidad del movimiento* de su vida interior. Esta continuidad solo se encuentra en el hombre. Establece entre el hombre y los animales una diferencia radical, que no es solo una diferencia de grado sino una diferencia de naturaleza» (*Mélanges*, pp. 1070 [versión en inglés] y 1085; *Écrits philosophiques*, p. 437).

Disociaciones de la personalidad

No creo en disociaciones de la personalidad; no creo que una personalidad pueda quebrarse en pedazos como el vidrio. Pero los hechos están ahí, hay que interpretarlos. Mas para interpretarlos hay que tener en cuenta ese esfuerzo, ese cansancio, esa fatiga que cuesta el ser persona[36]. Los casos de desdoblamiento, de supuesta disociación de la personalidad, ponen de manifiesto esa fatiga, nos permiten sentirla, y, una vez sentida, podemos comprender mucho mejor el extraño fenómeno. Carezco, por desgracia, del tiempo suficiente para examinar uno por uno todos los casos necesarios de desdoblamiento. Me limitaré, pues, a dos ejemplos[37]. Tomaremos primero un ejemplo sencillo, un caso ligerísimo de disociación, y luego un ejemplo complicado, un caso muy grave. Si en ambos casos la explicación es bastante y da bien cuenta de los hechos, será muy probable que sirva igualmente para los casos intermedios.

Voy a leeros la descripción del caso, a mi parecer, más sencillo y más leve, que se conoce en los anales patológicos. Este caso ha sido estudiado de un modo penetrante por el gran psicólogo americano William James en sus *Principios de Psicología*[38]. Se halla descrito en

---

36 Cf. «Cours au Collège de France: La personnalité» [Notas de Jules Grivet]: «Si la persona es la continuidad de un movimiento hacia adelante que empuja al porvenir el presente y el pasado íntegramente conservado, será agotador ser una persona. Será necesario comprar su privilegio al precio de un esfuerzo continuo, al que, en ciertas condiciones fisiológicas, el sujeto se negará a prestarse: o bien el pasado, demasiado pesado para mantenerse en contacto inmediato con la conciencia, no responderá al llamado, como en la amnesia y sus variedades; o bien, en la duda, el escrúpulo y afecciones análogas, la libertad del movimiento hacia adelante será cohibida. Esas son, desde el punto de vista psicológico, las dos principales fuentes de las enfermedades de la persona» (*Mélanges*, pp. 849-850).

37 Bergson ya había analizado estos ejemplos en el curso sobre las teorías de la personalidad, en el Colegio de Francia (1910-1911). Cf. *Mélanges*, pp. 850-854.

38 W. James, *The principles of psychology*, 2 vol., Henri Holt & company, New York, 1890.

las páginas 392 y sig. del tomo primero[39]. He traducido las páginas correspondientes, y voy a leerlas rápidamente.

El caso de William James

«El 27 de enero de 1883, el reverendo Anselmo Bourne, pastor protestante, retiró 550 *dollars*[40] de una casa de banca de la ciudad de Providencia (Estados Unidos); pagó algunas cuentas, y subió a un tranvía. Este es el último incidente que puede recordar. No volvió a su casa aquel día, y, durante dos meses, nadie supo lo que había sido de él. Se anunció su desaparición en los diarios, y, existiendo sospechas de que se tratase de algún delito, se avisó a la policía, que hizo investigaciones sin resultado. Pero el 14 de mayo[41] siguiente –dos meses después–, en la ciudad de Norristown, en Pensylvania, un hombre que había declarado hasta entonces llamarse Brown, que tenía alquilada desde hacía mes y medio una tiendecilla abastecida de pasteles, confites y frutas, y que se entregaba tranquilamente a su pequeño comercio, sin que su vida delatase nada extraordinario, se despertó por la mañana espantado, llamando a las gentes de la casa y preguntándoles dónde estaba. Declaró llamarse Bourne; dijo que desconocía en absoluto la ciudad de Norristown; que nunca se había ocupado de comercio, y que la última cosa de que conservaba un recuerdo –que le parecía de ayer mismo– era haber sacado dinero de la casa de banca. No quería creer que hubieran transcurrido dos meses. Las personas de la casa lo tomaron por loco, y también creyó lo mismo el médico que fue llamado. Pero cuando se hubo telegrafiado a Providencia, se obtuvo la confirmación de sus asertos; vino su sobrino a buscarle, arregló los negocios, y se lo llevó. Ni que decir tiene que el reverendo Bourne jamás tuvo el menor contacto con el comercio. Sin embargo, los vecinos del tendero Brown declararon que éste no les había parecido nunca excéntrico, y que era considerado

---

39 Se encuentra en las pp. 391-392. Bergson solo traduce en parte la descripción de James. La fecha inicial del incidente es incorrecta: ocurrió el 17 de enero de 1887.

40 La cursiva es de la presente edición. La cifra exacta es 551 dólares.

41 Es el 14 de marzo. Estos errores deben ser de las notas taquigráficas, porque no se encontraban en el curso dictado en el Colegio de Francia.

como hombre arreglado, un poco taciturno. Varias veces había ido a Filadelfia a renovar su provisión de mercancías. Se guisaba él mismo su comida; iba con regularidad al templo, y una vez, en una asamblea de fieles, había pronunciado una alocución que pareció buena.»

Estudio del caso

Ya he dicho que William James ha estudiado este caso, y, en efecto, rogó al reverendo Bourne que se dejara hipnotizar. Como era de esperar, Bourne se convirtió otra vez en Brown y ya no conoció a Bourne... Había oído hablar, dijo, de cierto Bourne, pastor, pero ni lo conocía ni lo había tratado. En presencia de la señora Bourne declaró que nunca había visto a esa dama. William James tuvo la idea de pedirle, en ese estado en que volvió a ser Brown, explicaciones sobre su fuga, para saber lo que había sucedido, pero no pudo sacar nada de él, salvo esto –muy importante para mí–. «Tenía fastidios allí; necesitaba descanso.» (There was trouble over there and I wanted rest[42].) Retengamos esta frase: *necesitaba descanso*. William James le preguntó cómo se representaba esa existencia de Brown que se había intercalado en su gran existencia. James quería saber cómo percibía él las dos extremidades de esa existencia, y todo lo que pudo sacar fue esta frase: «Estoy completamente encerrado, rodeado de vallas y no puedo salir por una ni por otra punta.» (I am all hedged in and I cannot get out at either end[43].)

En resumidas cuentas, parece que se trata de dos personalidades diferentes: la personalidad normal de Bourne y una cierta personalidad Brown, que se manifestó un día, duró dos meses, desapareció y reapareció artificialmente en el estado hipnótico. William James trató de soldar ambas personalidades por medio de una serie de prácticas hipnóticas. Como era de esperar, no pudo conseguirlo. He aquí su conclusión: «El cráneo de Mr. Bourne cubre hoy todavía

---

42 El original de James dice: «there was 'trouble back there' and he 'wanted rest'» (*op. cit.,* p. 392).

43 El original de James dice: «"I'm all hedged in", he says: "I can't get out at either end"» (*ibid.*).

dos personalidades distintas.» (Mr. Bourne's skull still covers two distinct personal selves[44].)

Explicación del caso. Los recuerdos

Pero ¿hay, en realidad, como dice William James —es un gran psicólogo, pero quizá no haya dirigido en esto su atención sobre el punto necesario–, ¿hay dos personalidades distintas? Hablar de dos personalidades es hablar de dos seres cuyos recuerdos son del todo diferentes y en absoluto independientes. ¿Es cierto que uno de los dos personajes, el segundo, Brown, haya perdido los recuerdos que tenía el otro? Examinemos la cuestión más de cerca. El personaje Brown se orientaba en medio de los objetos que le rodeaban, distinguía una mesa de una casa. Había, pues, conservado todos los recuerdos materiales de objetos que poseía el personaje Bourne. Hablaba la misma lengua que Bourne: el inglés; quedábanle pues, todos los recuerdos relativos al lenguaje. Estos recuerdos son muy numerosos ¿Qué es entonces lo que le faltaba? Faltábanle sus recuerdos personales, esos recuerdos que, recogidos a lo largo del tiempo, constituyen la historia de la persona[45].

---

44 El original de James dice: «Mr Bourne's skull to-day still covers two distinct personal selves» (*ibid.*.).

45 Cf. «Onze conférences sur "La personnalité" aux Gifford Lectures d'Edinburgh»: «Así, los dos aspectos esenciales de la personalidad humana son: primero la Memoria, que abarca toda la extensión del pasado inconsciente de manera de hacerse consciente toda parte suya que pueda ser utilizada; y, segundo, la Voluntad que tiende continuamente hacia el futuro. Pero es solo por un esfuerzo que la humanidad en general pudo adquirir estas dos funciones y que el individuo puede ejercerlas. Este esfuerzo no lo notamos porque es constante, pero no es menos una tensión. Ser un ser humano es en sí mismo una tensión. Es incluso una tensión que algunos no pueden soportar. De donde provienen los desórdenes de la personalidad. Se puede dividirlos en dos grupos, según conciernan a uno u otro de los dos aspectos esenciales de la persona: Memoria o Voluntad» (*Mélanges*, pp. 1065 [versión en inglés] y 1082; *Écrits philosophiques*, p. 433).

La fatiga y su remedio

Esos recuerdos son los que cuesta trabajo conservar en el foco luminoso de la conciencia, dada nuestra conformación física. Es como un resorte que necesitamos mantener comprimido. Pues bien, nuestro personaje no podía, sin duda, realizar ese esfuerzo. Así es como se pierden esos recuerdos. ¿Qué es lo que ocurrió? Decía que la frase «tenía fastidios allí, y necesitaba descanso», es la que nos suministra la clave de la dificultad y la solución del problema. En efecto: en un período de gran desgaste, de ese desgaste intenso de energía que viene, sobre todo, de que una multitud de ocupaciones y de personas diferentes acaparan la atención, trayéndola y llevándola en mil sentidos distintos, suele sobrevenir una gran fatiga, una especie de descuartizamiento mental de la personalidad. ¿A quién no le ha sucedido, en esa situación, pensar: «¡Ah! Si yo pudiera huir, esconderme en algún rincón en donde nadie me conociera y en donde no conociera yo a nadie, en donde no me conociera yo a mí mismo, en donde me bañara en la novedad como en una especie de fuente de eterna juventud!?[46]». Esta es una idea que atraviesa nuestro espíritu como una estrella filante[47], es una fantasía; claro está que no vamos a detenernos en ella, y, aunque quisiéramos, no podríamos hacerlo. Puede uno escaparse, puede huir, puede olvidar a los demás, pero nadie puede olvidarse a sí mismo a voluntad. Pero supongamos que la persona se vea amenazada por una enfermedad mental grave, por una desorganización completa del espíritu, a consecuencia de ese gasto excesivo de energía. Pues bien, la naturaleza posee lo que los antiguos llamaban la *vis medicatrix*[48], una capacidad de resistir y defenderse contra la enfermedad. La naturaleza lleva a cabo lo que nosotros no podemos realizar, y ese reposo que no podemos darnos a voluntad y que consistiría en olvidarnos a nosotros mismos, la naturaleza puede proporcionárnoslo. Ella nos dará unas vacaciones de uno o dos meses; ella nos dirá: «tómate ese descanso obligatorio, olvídate a ti mismo». Por eso, en un caso como este, impone la naturaleza a la persona un descanso forzoso, durante el cual la per-

---

46   En la versión de García Morente falta el cierre del signo de interrogación.

47   Estrella fugaz.

48   La *vis medicatrix naturae* es el poder curativo de la naturaleza.

sona sueña y vive una existencia simplificada, una vida de donde están ausentes todos los recuerdos que constituyen la personalidad normal, recuerdos demasiado pesados para las escasas fuerzas de que dispone esa persona normal[49]. Así pues, no es este un caso de desdoblamiento o disociación de la personalidad. No hay más que una personalidad: la personalidad normal.

Pero luego, por efecto de una fatiga excesiva, esta persona, olvidándose a sí misma, se duerme en un sueño de sonámbulo, simplificándose para descansar y recobrar fuerzas hasta el día en que, volviendo a encontrarse, torna de nuevo a su estado normal. En el caso estudiado por William James, no hay, pues, quebradura ni escisión de la personalidad.

El caso del doctor Azam

Tampoco creo que la haya en el otro caso, caso extremado que no podré, por falta de tiempo, exponer con todos sus detalles. Es el caso famoso de Félida, observado por el doctor Azam, de Burdeos[50]. Este es el caso más estudiado y más completo que poseemos, pues la observación del doctor Azam comenzó en 1858, y continuaba en 1887[51], unos treinta años después, cuando el doctor Azam publicó su libro *Doble conciencia y personalidad*[52]. La observación había durado, pues, un largo espacio de tiempo, y había sido efectuada por un psicólogo de primer orden. He aquí el caso:

---

49 Cf. «Cours au Collège de France: La personnalité» [Notas de Jules Grivet]: «Lo que llamamos la enfermedad es a menudo un síntoma de cura, o la manifestación de un esfuerzo de la naturaleza para volver a encontrar su equilibrio [...]. El trastorno mental en el neurótico sería él mismo un esfuerzo de la naturaleza para liberarse del mal, atenuar al menos su gravedad, limitar sus estragos localizándolo [...]. Brown es el artificio de la naturaleza para descansar a Bourne y salvarlo. El 17 de enero de 1887, todo contacto entre la conciencia y el pasado se suprimió; pero al cabo de dos meses, el 14 de marzo, el reposo es suficiente, y la comunicación se restablece» (*Mélanges*, pp. 852-853).

50 Es el doctor Étienne Eugène Azam (1822-1899), especialista en psicología e hipnotismo.

51 En la versión de García Morente dice: 1882.

52 El título de la obra es: *Hypnotisme, double conscience et altérations de la personnalité*, J.B. Baillière et fils, Paris, 1887.

Tratáse de una persona llamada Félida, quien, a la edad de catorce años, fue presa de los accidentes cuya descripción sigue. Se duerme; los períodos de sueño pueden durar, al principio, unos diez minutos. Pero, a medida que el fenómeno fue repitiéndose, ese período de sueño fue disminuyendo, hasta no durar más que algunos segundos, y, finalmente, uno o dos instantes. ¿Qué sucede después de este período de sueño tan breve? Félida se despierta en un estado que el doctor Azam ha llamado condición segunda, por oposición al estado normal, que llama condición primera. Pero lo extraordinario es que, en esa condición segunda, Félida va, viene, se dedica a sus ocupaciones como de costumbre, aunque en la condición primera ignora, totalmente, cuanto ha ocurrido en la condición segunda. Una vez despierta y vuelta a su condición primera, denominada normal, ha perdido todo recuerdo de lo sucedido en el estado segundo. Así, todas las condiciones primeras están en la más completa ignorancia de lo que ocurre en las condiciones segundas. Pero notemos bien este punto; la inversa no es verdad, y en la condición segunda, Félida se acuerda, no sólo de todo lo que tuvo lugar en las anteriores condiciones segundas, sino también en las primeras. Al principio, reunidas las condiciones segundas, hacían no más que la décima parte de la vida de Félida; pero, conforme fue avanzando en edad, fueron aumentando; constituyeron la tercera parte, la mitad, las tres cuartas partes. En el momento en que el doctor Azam publicó su libro, la condición segunda había invadido, por completo, la personalidad, eliminando la condición primera.

He aquí, pues, según se dice, dos personalidades diferentes. Sería muy interesante, y hasta divertido, revisar, en todos sus detalles, este caso. La condición primera ignora lo que hace la condición segunda. En ambas condiciones es Félida, por lo demás, inteligente, sin rastro alguno de desarreglo mental. Pero su carácter no es el mismo en los dos estados. En la condición primera, llamada normal, tiene un carácter más bien triste, y la salud deja que desear. En la condición segunda, el carácter es apacible y expansivo, y la salud es buena. Pero lo extraño y curioso es que, al despertar de la condición segunda, vuelve a tomar las cosas, exactamente, en el punto en que habían quedado al dejar la condición primera. El intervalo de tiempo transcurrido no cuenta. Si ha trabado conocimiento con alguna persona estando en la condición segunda, la desconocerá en la condición primera. Félida tiene algunos hijos; pero los ha tenido todos en la condición segunda; de suerte que en la condición primera no sabe cómo le han venido. Lo sospecha, sin embargo, y, por lo demás, conociendo su dualidad de estados, consigue, por medio de hábiles preguntas, darse perfecta cuenta, en la condición primera, de todo lo que ha debido ocurrir en la segunda. Interroga a las personas que la rodean acerca de lo que ha hecho, no de otro modo que quien desea informarse de las acciones de alguna otra persona, y así consigue reconstituir, aproximadamente, los sucesos que han debido ocurrir.

Explicación del caso

Aquí tenemos un caso típico de esa supuesta rotura o fragmentación de la personalidad. Pues bien: mi opinión es también, en este caso, que si se examinase de cerca se vería que la personalidad es absolutamente indivisible. Lo ocurrido es esto. Se nos dice que la condición primera es la normal, y que la condición segunda es la anormal. Pero advertid que, en la condición primera, Félida olvida cuanto le ha sucedido en la condición segunda; mientras que en esta condición segunda recuerda todo lo ocurrido en ella y en la primera. Pero entonces digo yo: ¿Por qué no se llama normal a la condición segunda? ¿Por qué no se considera la condición primera, la mal llamada normal, como estado anormal, como un estado obtenido estrechando la personalidad normal con objeto de darle descanso? Por no tener la persona la fuerza suficiente para sostenerse conservando todos sus recuerdos, necesita soltar lastre de vez en cuando[53].

No voy a entrar en detalles; pero he aquí lo que ha debido ocurrir. A la edad de catorce años, cuando crece y se complica la personalidad, Félida no puede sostener esa fatiga mental que suele pasar

---

53 Cf. *Histoire des théories de la mémoire. Cours au Collège de France 1903-1904*, p. 156: «más bien que renunciar completamente al equilibrio, y para defenderse contra lo que sería probablemente la alienación, [la persona] prefiere hacer la amputación voluntaria o involuntaria, la amputación de una parte de sí misma. Hay animales, se dice, que cuando tienen una parte atrapada, se amputan voluntariamente esa parte para escaparse. Se han comparado los fenómenos de esta clase [desdoblamientos de personalidad] a una especie de amputación voluntaria, de autotomía psicológica».

CONFERENCIAS DE MADRID: LA PERSONALIDAD

desapercibida para la mayor parte de los hombres, pero que es real y profunda. Entonces, al cabo de un cierto tiempo, habiendo vivido esta vida nueva, más amplia, más desarrollada, durante algunas semanas, acaso meses, ha debido volver, súbitamente, a la existencia anterior, a la que precedió a su pubertad. Al volver a esta existencia, el médico que la vigila ha tomado esta existencia por el estado normal. Pero no lo era: era un estado anormal obtenido por un empobrecimiento de su nueva vida. Entonces, siempre que la fatiga se haga excesiva, la personalidad se dormirá en una suerte de sueño de sonámbulo, en el cual olvida una parte de sí mismo. Este sueño es el llamado estado primero, o normal; pero, en realidad, es el anormal, y dura hasta que el descanso sea suficiente para que la persona vuelva a su condición normal. Por lo demás, conforme va avanzando en años, va mejorando su salud. El llamado estado anormal, normal en realidad, va ganando terreno, y acaba por dominar completamente. Diremos que Félida está curada, como puede estarse curado en casos seme-jantes; es decir, con el constante peligro de una recaída[54].

Así explico yo este caso, suponiendo que no hay rotura de la personalidad. Pero estos casos nos hacen ver que, para ser una personalidad, es preciso gastar fuerzas; y la supuesta escisión de la per-

---

54   Cf. «Cours au Collège de France: La personnalité» [Notas de Jules Grivet]: «Para Henri Bergson, contrariamente a la opinión de Azam y de los auto-res posteriores, la condición segunda es la normal. Hacia la edad de quince años, la niña se vuelve una joven, comienza a ser una mujer en una trans-formación que es dilatación o desarrollo de la personalidad. Este paso de las condiciones primeras al nuevo estado no sucede sin exigirle una fatiga al sujeto. Félida no tuvo la fuerza de sostener el trabajo de transformación, y la naturaleza, durante un cierto tiempo, la llevó a su primer estado; éste, era Félida primera. Pero la condición segunda, o persona dilatada, no había renunciado a su derecho y buscaba expandirse, en la medida de lo posible; por eso sus apariciones que van multiplicándose y prolongándose, de modo que, en el progreso de las fuerzas, siendo suprimida poco a poco la insufi-ciencia psicológica, Félida primera es definitivamente –o casi– expulsada por Félida segunda. Ante el esfuerzo necesitado por el período de desarrollo, en el sentido moral como en el orden físico, la naturaleza había rechazado profundizar la dirección a la que la comprometían las leyes de la evolución vital, pero sin abandonar ese camino y la voluntad de progresar en él; de ahí un movimiento rítmico de dilatación y de contracción, durante el cual, para disminuir la fatiga, la conciencia no estaba en contacto más que con una pequeña parte del pasado. Por último, triunfó la dilatación» (*Mélanges*, pp. 853-854).

sonalidad no es más que un artificio de la naturaleza para que el individuo descanse de ese esfuerzo que, si se prolongara demasiado, podría acarrear el peligro de desórdenes más graves. Lo que llamamos síntomas de enfermedad, no son, muchas veces, sino síntomas de curación, o, por lo menos, de un esfuerzo para curar. Esto ocurre en los casos de enfermedades mentales y, probablemente también, en muchas enfermedades físicas[55].

La creación y la vida

He fijado vuestra atención, señores, sobre este problema de la personalidad y, principalmente, sobre su movimiento. ¡Cuántas cosas podrían decirse ahora acerca del destino de ese movimiento! Porque la personalidad no se mueve por moverse, sino para hacer, para crear. La vida consciente es creación perpetua, creación de actos, por medio de los cuales se introduce novedad en el mundo, novedad también en el interior de uno mismo, reconstituyéndose, sin cesar, en forma que debería ser más amplia, más bella[56]. La vida consciente, la vida personal, es, evidentemente, en el conjunto del mundo organizado, lo que ocupa el más elevado lugar. No puedo entrar en detalles sobre la vida en general como yo me la represento; pero veo en el esfuerzo inmenso de la vida desde sus orígenes, desde la época, en que no es más que una sencilla masa de protoplasma[57] hasta el momento

---

55 Cf. *Histoire des théories de la mémoire. Cours au Collège de France 1903-1904*, p. 149: «Decíamos que, en ciertos casos, por ejemplo cuando se produce una intoxicación más o menos grave del organismo, esta intoxicación puede avanzar muy lejos sin que el enfermo se dé cuenta, y lo que se llaman los síntomas visibles de la enfermedad (la fiebre, la erupción, etc.), todo esto es el aspecto exterior, no tanto del mal mismo sino del esfuerzo que hace el enfermo para deshacerse de él. Sería, pues, menos la acción del mal que la reacción del enfermo contra la enfermedad lo que constituiría los síntomas visibles. Esto es válido para muchas enfermedades físicas».

56 Cf. «La conscience et la vie»: «Pero [hombre] creador por excelencia es aquel cuya acción, intensa ella misma, es capaz también de intensificar la acción de los demás hombres, y encender, generoso, focos de generosidad» (*L'énergie spirituelle*, p. 25).

57 Cf. *op. cit.*, p. 11: «Representémonos, entonces, la materia viva en su forma elemental, tal como ha podido ofrecerse en primer lugar. Es una simple masa de gelatina protoplasmática, como la de la ameba; es deformable a voluntad, y, por tanto, vagamente consciente».

en que llega al organismo humano; veo en esta evolución de la vida un esfuerzo enorme para conseguir algo, cuya idea preexiste desde el principio[58]: la constitución de la personalidad humana, de la personalidad creadora.

Me represento cada mundo –no sólo nuestro planeta, sino los demás que gravitan en el espacio[59]– como una masa material, a través de la cual ha sido lanzado un chorro[60]. Este chorro atraviesa un túnel, por decirlo así, y reaparece luego, en pleno día, y en el momento y en el punto de su reaparición, manifiéstase la personalidad humana

---

58 Esta formulación es inadecuada, porque negaría la duración, entendida como creación imprevisible. Debe haber habido algún error en la toma de las notas taquigráficas. Cf. *L'évolution créatrice*, p. 39: «Pero el finalismo nos parece también inaceptable, por la misma razón. La doctrina de la finalidad bajo su forma extrema, tal como la encontramos en Leibniz, implica que las cosas y los seres no hacen sino realizar un programa una vez trazado. Pero si no hay nada imprevisto, ni invención ni creación en el universo, el tiempo se vuelve inútil aún. Como en la hipótesis mecanicista, se supone aquí todavía que *todo está dado*». Más adecuada es la formulación que se encuentra en *Les deux sources de la morale et de la religion*, p. 223: «Pero, como ya lo mostramos una vez, si bien este principio produce globalmente todas las especies, a la manera de un árbol que impulsa en todas direcciones ramas terminadas en yemas, [...] es el hombre o algún otro ser de la misma significación, y no decimos de la misma forma, lo que constituye la razón de ser de la totalidad de este desarrollo».

59 Cf. *op. cit.*, p. 271: «es verosímil que la vida anime a todos los planetas suspendidos de todas las estrellas. En esos planetas adopta sin duda, debido a la diversidad de condiciones que se le presentan, las formas más variadas y alejadas de lo que imaginamos; pero en todas partes tiene la misma esencia, que es la de acumular gradualmente energía potencial para gastarla bruscamente en acciones libres».

60 Cf. *op. cit.*, pp. 223-224: «El conjunto quizá hubiese podido ser muy superior a lo que es, y esto es probablemente lo que sucede en mundos en los que la corriente es lanzada a través de una materia menos refractaria». Cf. las cartas de Bergson a J. de Tonquédec (12 de mayo de 1908): «Hablo de Dios (p. 268-272 de *L'évolution créatrice*) como de la *fuente* de donde salen por turno, por un efecto de su libertad, las "corrientes" o "impulsos" de los cuales cada uno formará un mundo» (*Écrits et paroles*, vol. II, p. 296; *Mélanges*, p. 766; *Écrits philosophiques*, p. 361); (20 de febrero de 1912): «de todo esto se desprende claramente la idea de un Dios creador y libre, generador a la vez de la materia y de la vida, cuyo esfuerzo de creación se continúa del lado de la vida, por la evolución de las especies y por la constitución de las personalidades humanas» (*Écrits et paroles*, vol. II, p. 365; *Mélanges*, p. 964; *Écrits philosophiques*, p. 412).

encargada de introducir novedad y creación en este mundo material que, sin ella, sería puro mecanismo y simple necesidad[61]. En el origen, pues, un gran artista creador del mundo, y luego, al cabo deseados por él, otros pequeños artistas que continúan su obra y son también creadores; por un largo proceso en torno a la materia orgánica, cada día más dócil y maleable, continúan ellos la obra de la creación divina[62].

El respeto a la persona

Esto son las personas; y como la humanidad ha ido comprendiendo, cada vez mejor, lo que son las personas, como ha ido fijando, cada vez mejor, la relación que media entre esas fuerzas creadoras y el Creador, como ha ido entendiendo, cada vez mejor, lo que hay de sagrado en la persona, ha concluido por tomar plena conciencia de sí misma y proclamar la inviolabilidad de la persona humana.

---

61   Cf. «La conscience et la vie»: «La evolución de la vida, desde sus orígenes hasta el hombre, evoca ante nuestros ojos la imagen de una corriente de conciencia que se introdujese en la materia como para abrir en ella un pasaje subterráneo, que hiciese intentos a diestra y siniestra, que avanzase más o menos lejos, que llegase la mayor parte del tiempo a quebrarse contra la roca, y que sin embargo, en una dirección al menos, tuviese éxito perforándola y reapareciendo a la luz. Esta dirección es la línea de la evolución que conduce al hombre» (*La énergie spirituelle*, p. 21).

62   Cf. «Onze conférences sur "La personnalité" aux Gifford Lectures d'Edinburgh»: «Esto equivale a decir que la evolución ha tendido a constituir personalidades distintas [...]. Cada una de estas personalidades es una fuerza creadora; y según toda apariencia el papel de cada persona es crear, exactamente como si el gran Artista hubiese producido otros artistas como obras» (*Mélanges*, pp. 1070-1071 [versión en inglés] y 1086; *Écrits philosophiques*, p. 438). Bergson concluye *Las dos fuentes de la moral y de la religión* con este famoso pasaje: «La humanidad gime, medio aplastada bajo el peso de los progresos que ha hecho. No tiene la suficiente conciencia de que es de ella de quien depende su porvenir. A ella le corresponde, por lo pronto, ver si quiere seguir viviendo. A ella preguntarse, después, si solo quiere vivir, o hacer además el esfuerzo necesario para que se cumpla, hasta en nuestro planeta refractario, la función esencial del universo, que es una máquina de hacer dioses» (*Les deux sources de la morale et de la religion*, p. 338). Sobre esta última frase, que ha hecho correr mucha tinta, Bergson hace la siguiente aclaración: «Es una alusión a mi tercer capítulo, en el que explico que, por la intermediación del universo material han sido creados creadores, destinados a imitar a Dios» (carta a M. de Montmorand, 19 de abril de 1932, *Correspondances II*, p. 721).

Todo ser consciente, toda persona moral está rodeada, para nosotros, de una especie de aureola que la hace sagrada. Toda persona está protegida por una muralla inmaterial que llamamos derecho, y, por fortuna, estamos acostumbrados ya hoy a considerar los derechos de las personas como inviolables[63].

Las personalidades nacionales. Dos teorías opuestas

Mas todavía podríamos –y voy a concluir– plantear una cuestión última: la de saber si solamente los seres humanos, los individuos, son personas, o si las sociedades que ellos constituyen, por su aglomeración, no son también o no pueden llegar a ser personas, cuando alcanzan cierto grado de madurez. Por mi parte, no dudo en afirmarlo. Cuando una sociedad ha crecido y madurado, cuando ha llegado a tomar plena conciencia de sí misma, es una persona. Cuando una sociedad tiene tradiciones, leyes, instituciones que compendian su pasado y que desempeñan en ella la misma función que la memoria en los individuos, es una persona. Una sociedad que tiene forma propia, carácter propio, e impone esa forma y ese carácter a los actos que realiza, es una persona. Una sociedad que se modifica, se deforma, se reforma, se mejora, creándose a sí misma una especie de nuevo carácter, es una persona. Una sociedad que desarrolla ese carácter en cierta dirección preferida, y que de ese modo representa

---

63   Cf. *Les deux sources de la morale et de la religion*, p. 74: «Pero hay una gran distancia entre estos equilibrios mecánicamente alcanzados, siempre provisionales como el de la balanza en las manos de la justicia antigua, y una justicia como la nuestra, la de los "derechos del hombre", que no evoca más ideas de relación o de medida, sino por el contrario de inconmensurabilidad y absoluto»; pp. 77-78: «Sin embargo, antes que el cristianismo, existió el estoicismo: filósofos que proclamaron que todos los hombres son hermanos, y que el sabio es ciudadano del mundo. Pero estas fórmulas eran las de un ideal concebido, quizá como irrealizable. No vemos que ninguno de los grandes estoicos, ni siquiera el que fue emperador, haya considerado posible bajar la barrera entre el hombre libre y el esclavo, entre el ciudadano romano y el bárbaro. Fue necesario esperar al cristianismo para que la idea de una fraternidad universal, que implica la igualdad de los derechos y la inviolabilidad de la persona, se hiciera eficaz».

en el mundo un papel especial, y cumple una misión perfectamente determinada, es una persona[64].

Puede la nación ser grande o pequeña, poco importa. ¿Deja un individuo de ser persona porque sea chico de estatura? Una nación puede ser chica, y en ciertos casos, ello no ha de impedir que su alma sea grande; así como en un cuerpo individual chico puede residir un alma grande, lo mismo ocurre en un cuerpo social reducido[65]. La sociedad es una persona, y tiene, como toda persona, derechos inviolables. Esta es, creo yo, la conclusión a la que se llegaría –no puedo hacer sino indicarla– en el desarrollo de la idea emitida hace un momento y considerando a la sociedad consciente de sí misma, a la sociedad con sus tradiciones.

Contra esta tesis, contra esta doctrina, se levanta otra que dice: No, las sociedades no son personas; los individuos son personas, las sociedades no lo son; las naciones no son asimilables a personas que tuviesen derechos inviolables. Existe la justicia, pero sólo en lo concerniente a las relaciones de los individuos en el Estado, no en lo concerniente a las relaciones de unos Estados con otros. Un Estado no tiene deberes para con otro Estado; no tiene deberes más que para consigo mismo, y todos esos deberes se resumen en

---

64   Así como los aspectos fundamentales de la persona humana son la memoria y la voluntad, la personalidad nacional tiene un carácter, que sintetiza su pasado y crea su porvenir. Cf. «La perception du changement»: «En una palabra, nuestro presente cae en el pasado cuando dejamos de atribuirle un interés actual. Sucede con el presente de los individuos lo mismo que con el de las naciones; un acontecimiento pertenece al pasado y entra en la historia, cuando no interesa ya directamente a la política del día y puede ser olvidado sin que los asuntos públicos se resientan. En tanto se hace sentir su acción, se adhiere a la vida de la nación y permanece presente» (*La pensée et le mouvant*, p. 169); «Quelques mots sur la philosophie française et sur l'esprit français»: «Nuestros amigos extranjeros saben que consideramos toda nacionalidad verdadera, digna de este nombre, como debiendo ser respetada e incluso, si es posible, amada, por cualidades que le son propias y que son, además, su razón de ser: una nación es una misión» (*Mélanges*, p. 1517; *Écrits philosophiques*, p. 675).

65   El 4 de agosto de 1914, el gobierno alemán le declaró la guerra a Bélgica, violando su neutralidad histórica. El 8 de agosto, días después de la invasión armada, Bergson pronunció un discurso en la Academia de ciencias morales y políticas, en el que exclamó: «¡Gloria a Bélgica!¡Rendimos homenaje al pequeño pueblo con gran alma!» (*Mélanges*, p. 1102).

uno solo: ser fuerte, hacerse cada vez más fuerte. De donde resulta, primeramente, que la fuerza es la medida única –entre Estados, por supuesto–, el equivalente y sustituto del Derecho, y cuanto más fuerte sea un Estado, tantas razones tiene de más para existir y subsistir. Por consiguiente, si una nación pequeña no posee la fuerza necesaria para defenderse, tampoco poseerá el derecho de existir: subsistirá sólo por la tolerancia de las naciones grandes. De donde resulta, asimismo, que las naciones no están ligadas por sus convenios, y obligadas, unas con otras, por su palabra, como lo están los individuos. Los convenios existen, pero expresan únicamente cierto estado de equilibrio entre las fuerzas que se hallan frente a frente en un momento determinado; cuando el equilibrio se modifica, el convenio, que no era sino el registro de ese equilibrio, queda, de hecho, virtualmente roto; se romperá, en efecto, si una de las dos partes halla interés en romperlo[66].

Cito ambas tesis, las describo, no las juzgo, no las aprecio[67]: no hago sino registrar que se hallan frente a frente. Y registro también que han sido una y otra formuladas por filósofos y estadistas. La segunda, principalmente desenvuelta por recientes teóricos alema-

---

66 Cf. «La force qui s'use et celle qui ne s'use pas» (4 de noviembre de 1914): «La energía moral de los pueblos, como la de los individuos, no se sostiene más que por algún ideal superior a ellos, más fuerte que ellos, al que se aferran firmemente cuando sienten vacilar su coraje. ¿Dónde se encuentra el ideal de la Alemania contemporánea? Han quedado atrás los días en que sus filósofos proclamaban la inviolabilidad del derecho, la eminente dignidad de la persona, la obligación para los pueblos de respetarse unos a otros. La Alemania militarizada por Prusia ha rechazado lejos de sí estas nobles ideas, que le llegaron, principalmente, de la Francia del siglo XVIII y de la Revolución. Ella se ha hecho un alma nueva, o más bien ha aceptado de manera dócil la que Bismarck le ha dado. Se le ha atribuido a este político la célebre frase: "La fuerza prevalece sobre el derecho". A decir verdad, Bismarck nunca lo dijo, porque se cuidó muy bien de distinguir el derecho de la fuerza. El derecho era simplemente a sus ojos lo que es querido por el más fuerte, lo que es consignado por el vencedor, en la ley que impone al vencido» (*Mélanges*, p. 1106).

67 A J. Chevalier, Bergson le decía sobre esta frase: «Encontré [en la segunda conferencia], no sé cómo, un movimiento oratorio muy natural, pero que produjo gran impresión: No aprecio, constato, repetía» (*op. cit.*, p. 173).

nes[68], es el desarrollo de algunas ideas del gran filósofo Hegel[69]. Esta tesis ha sido puesta en práctica, desde Hegel, en condiciones que ese filósofo no había, acaso, previsto enteramente.

Después de haber definido ambas tesis, bien puedo decir –hablo como filósofo, sin ocuparme de política– bien puedo decir qué ideal determinado implica cada una de ellas, qué esperanza para el porvenir de la humanidad.

Dos ideales contrarios

Consideremos la primera, según la cual las naciones son personas. Entonces la humanidad ideal, que no hemos de realizar mañana, ocurra lo que ocurra, pero que podrá realizarse dentro de años o de siglos, la humanidad ideal será un conjunto de naciones, todas las cuales, grandes o chicas, fuertes o débiles, cada una con su misión y su destino que cumplir en el mundo, trabajarán en esa misión, y así, merced a la introducción en el mundo de la mayor variedad posible de caracteres nacionales, desarrollarán en él la mayor suma posible de riqueza y de belleza moral, por el acuerdo de las naciones,

---

68 El 1° de julio de 1916, Bergson presentó en la Academia de ciencias morales y políticas la obra de Paul Gaultier titulada: *La mentalité allemande et la guerre*. En la exposición, hace referencia a algunos de estos teóricos: «A partir de esto, se comprende el germanismo y el pangermanismo. Paul Gaultier muestra el partido que los pangermanistas han extraído de la obra de Gobineau. Cita algunas de las extraordinarias afirmaciones de historiadores alemanes tales como Waltz, Giesebrecht, Sybel, Mommsen y Lamprecht; recuerda cómo un Houston Chamberlain anexa a la raza alemana todo lo que se encuentra de grande en Europa. Cita también a Ludwig Woltmann, director de la *Revista de antropología política* [*Politisch-Anthropologische Revue*] de quien se pregunta en verdad si ha podido hablar en serio. Éste declara alemán a todo hombre que tiene talle alto, cabellos rubios, nariz audaz y la piel clara» (*Mélanges*, p. 1237).

69 Al año siguiente (1917), ante el público norteamericano, Bergson volvería a hacer referencia a Hegel, acorde con la interpretación habitual de ese momento que lo hacía el filósofo de Prusia: «¿Es la justicia algo superior al Estado, de modo que el propio Estado debe inclinarse ante ella, o bien, como lo han sostenido los teóricos tales como Hegel, como Bismarck, es el Estado creador de lo justo y de lo injusto, de manera que todo lo que el Estado quiere y puede hacer es correcto, que el Estado no tiene jamás otro deber que ser fuerte e incrementar su fuerza por cualquier medio, la fuerza creando el derecho?» (*Correspondances*, p. 718).

trabajando, cooperando juntas, de un modo orgánico, como seres vivos. Así es como en un organismo las diferentes partes se entienden, se desarrollan libre y espontáneamente y concurren todas a la armonía del conjunto, dando a este conjunto la mayor belleza y la mayor riqueza.

En la segunda concepción –analizo sencillamente– va implícito otro ideal. También éste, hay que reconocérselo en justicia, es el ideal de una humanidad unificada, no inmediatamente; pudiera ser más tarde, aunque quizá este ideal tenga prisa por realizarse cuanto antes. Es el ideal de una humanidad unificada, pero por otros medios; pues si es cierto que la fuerza es para una nación la medida única y el signo de su derecho, una nación que tuviera, por ejemplo, fuerza bastante militar e industrial para hacer frente a las demás grandes naciones, y, por tanto, al resto del mundo, esa nación tendría el derecho –y aun diré que tendría el deber– de imponer su dominio y su organización al mundo entero. Y de ello resultaría otra unificación muy distinta de la primera, una unificación que no saldría del consentimiento de las naciones, desarrollando cada cual su personalidad y su individualidad, sino, por el contrario, de una especie de coacción que impondría a la humanidad entera una manera de uniformidad mecánica. Esta sería también una unidad, pero una unidad –preciso es decirlo– abstracta, pobre, vacía, la unidad de una máquina, y no la unidad armoniosa y fecunda de la vida[70].

---

70   Cf. «Discours en séance publique de l'Académie des sciences morales et politiques» (12 de diciembre de 1914): «Ahora bien, mientras que Alemania trabajaba así sobre sí misma orgánicamente, había en el interior de ella, o más bien al lado de ella, un pueblo en el que todas las cosas tendían a suceder de manera mecánica. Artificial había sido la formación de Prusia, porque se había hecho cosiendo una tras otra, groseramente, provincias adquiridas o conquistadas. Mecánica era su administración, que funcionaba con la misma especie de regularidad que una máquina bien montada. Mecánica aun –mecánica de una precisión y de una fuerza extremas– esta armada sobre la que se concentraba la atención de los Hohenzollern. Ya fuera que el pueblo hubiese sido preparado durante siglos a la obediencia mecánica, o que el instinto elemental de conquista y de rapiña, absorbiendo en él la vida de la nación, la hubiese simplificado y acercado a la materialidad, o fuera al fin que el carácter prusiano estuviese así hecho, eran visiones de brutalidad, de rigidez, de automatismo, lo que evocaba la idea de Prusia, como si todo hubiese sido en ella mecánico, desde el gesto de sus reyes hasta el paso de sus soldados" (*Mélanges*, pp. 1108-1109).

He aquí las dos tesis que están frente a frente; una vez más las formulo; no hago apreciación de ellas: hago filosofía.

Ved ahora, después de la filosofía, un poco de psicología.

El sacrificio consentido

En nuestra última conversación, para terminar, os hablaba yo del estado moral de Francia. Os decía que es una Francia que ha dicho que sí, por adelantado, a todos los sacrificios, sean los que fueren: sacrificio para cada hombre de cuanto posee, sacrificio de su vida, sacrificio –lo que es más grave– de la vida de sus hijos. Francia ha dicho que sí a todos estos sacrificios. Pues ahora nosotros podemos preguntarnos: ¿por qué? ¿Cuál es la razón profunda, interior, por la cual, en la hora presente, no hay francés que no esté dispuesto a hacer tranquila, silenciosamente todos los sacrificios? La razón es que todo francés –estoy analizando un estado de alma, no apreciándolo– todo francés siente y cree, cree profundamente que no se trata sólo de la suerte de Francia. ¡Ay!, harto suficiente sería ya eso para defender la patria; no hay sacrificio demasiado grande para hacerlo por ella; pero acaso ese sacrificio no tomara esa forma, esa forma extraordinaria de que trataré de daros en seguida, desde el punto de vista psicológico, una idea más precisa; no bastaría eso. Es que, además, todo francés tiene el sentimiento de que no sólo se trata de la suerte de Francia, que se trata –lo hago constar, no juzgo–, cree que se trata de la suerte de la humanidad entera. Se ha llegado a una encrucijada, a una bifurcación, en que se abren dos caminos, cada uno de los cuales conduce a uno u otro de los dos sistemas de unificación para la humanidad; al fin del uno, la unificación en la riqueza, en la abundancia, en la exuberancia moral, en la exuberancia de la vida; al final del otro, la pobreza, la sequedad, casi diré la muerte.

Digo en seguida que si todo francés ha optado sin vacilación por el primer ideal, ocurra lo que ocurra, es porque todo francés se ha dicho que si el otro se realizara, la vida no valdría ya la pena de ser vivida[71]. Tal es el sentimiento de todos los franceses, desde el sabio,

---

71 Cf. «Allocution avant une conférence sur la guerre et la littérature de demain» (23 de abril de 1915): «Francia sentiría de inmediato que se jugaba en la guerra su existencia. Como nación, más que su existencia: la suerte misma de

el filósofo que reflexiona, hasta el obrero más humilde, hasta el campesino. Podéis entrar en la cabaña de un campesino y preguntarle; ya veréis, si guiáis la conversación como es debido –porque son ideas que se presentan a veces a la conciencia en forma oscura y vaga–, ya veréis que allí está el manantial profundo de este estado de alma verdaderamente extraordinario.

El estado del alma francesa

Y este estado de alma os decía yo que, para concluir, trataría de definirlo con mayor exactitud; pero no sé si lo podré conseguir, porque no encuentro, en la literatura psicológica, descripción de estados comparables a él; pero si bastase una analogía lejana, diría que el estado de alma que más se aproxima a éste es el estado de alma de aquellos grandes místicos de que ayer mismo os hablaba. El misticismo no es por necesidad un estado violento; no es por necesidad la iluminación y el éxtasis. Los grandes místicos han atravesado por ese estado, pero no se han detenido en él, y más allá de esos estados, más allá de la visión de Dios, han hallado lo que llamaré el contacto con Dios, un estado en que, vueltos en sí, yendo, viniendo, vacando a sus ocupaciones más humildes, se sentían, con todo, transformados, transfigurados. Era Dios el que estaba en ellos, obraba por ellos como por un instrumento[72].

Lejos de mí la idea de identificar el estado de alma de Francia con este estado místico; pero diré que de todos los estados conocidos es el que puede dar una idea más aproximada de aquél[73].

---

la humanidad; más que la vida de uno o de varios pueblos: el ideal de la vida, todo lo que da a la vida su recompensa, todo lo que la hace digna de ser vivida» (*Mélanges*, p. 1154; *Écrits philosophiques*, p. 449).

72 Cf. *Les deux sources de la morale et de la religion*, p. 332: «el verdadero misticismo, es decir [...] el sentimiento que tienen algunas almas de ser instrumentos de un Dios que ama a todos los hombres por igual, y les pide que se amen entre sí».

73 Cf. «Allocution avant une conférence sur la guerre et la littérature de demain» (23 de abril de 1915): «El psicólogo que quisiera a toda costa comparar el estado de ánimo del soldado francés con lo que ya conoce, estaría obligado a indagar más allá de los anales de la valentía militar. Creo que tendría que evocar las descripciones que nos han dejado de su vida interior los grandes místicos, los que fueron grandes hombres de acción. Habían atravesado, sin

Nada más tranquilo que la Francia actual, nada más quieto; cada cual vaca a sus ocupaciones. Los mayores sacrificios se hacen casi sin tener conciencia de que se hacen; pero es que hay como un fuego interior que levanta en peso a Francia, y que aporta algo inmenso, algo formidable, que arrebata a Francia, y con ello (así lo creo) a los demás pueblos que no son enemigos suyos, a los demás pueblos con los cuales se siente fraternalmente unida, y siente, cree, sabe que va a salvar a sus hermanos salvándose a sí misma.

He aquí su estado de alma; no lo aprecio, analizo, hago un sencillo análisis psicológico.

Y con este sencillo análisis termino, señoras y señores, dándoos gracias por la atención sostenida que habéis tenido a bien prestar a esta conferencia. En mi nombre y en el nombre de mis compañeros os hago presentes nuestros vivísimos y muy sinceros sentimientos de gratitud por esta atmósfera de simpatía en que nos hemos sentido desde luego y continuamente sumergidos; de ella hemos de llevar con nosotros un duradero, aun puedo deciros que un inolvidable recuerdo.

----

duda, la fase del entusiasmo, que conduce al "éxtasis"; pero éste no había sido para ellos más que un lugar de paso. Más allá del entusiasmo, más alto aún que la "visión de Dios", habían encontrado ese estado de calma definitivo en el que, vueltos en apariencia a lo que eran antes, hablando y actuando como todo el mundo, haciendo sus ocupaciones cotidianas y a veces las tareas más humildes, indiferentes además a los más grandes sacrificios, se sentían interiormente metamorfoseados, como si fuese Dios el que actuaba en ellos, como si Dios los hubiese, desde aquí abajo, absorbido en su eternidad. ¡Lejos de mí el pensamiento de identificar este estado de ánimo con el de nuestros soldados! La analogía solo es lejana; sin embargo, hay analogía. Escuchemos los relatos, leamos las cartas que llegan del frente: todos evocan imágenes del mismo género. No hay grandes gestos ni grandes palabras, sino un heroísmo bondadoso, simple y familiar, seguro de sí mismo como si, más allá del entusiasmo, más alto que todas las formas conocidas del patriotismo, en el que se distingue aun uno mismo de la patria que se ama, el soldado francés hubiese llevado su alma a fundirse con el alma de la patria, sacando entonces, de esta coincidencia con algo que depende del infinito y de lo eterno, la fuerza de ir donde sea, incluso a la muerte cierta, con un sentimiento de seguridad» (*Mélanges*, pp. 1154-1155; *Écrits philosophiques*, p. 449).

Correspondances, PUF, Paris, 2002

Correspondances II, PUF, Paris, 2024

Cours de philosophie de 1886-1887, Séha-Archè, Paris-Milan, 2010

Durée et simultanéité. À propos de la théorie d'Einstein, PUF, Paris, 2009

Écrits et paroles, vol. I, PUF, Paris, 1957

--------, vol. II, PUF, Paris, 1958

--------, vol. III, PUF, Paris, 1959

Écrits philosophiques, PUF, Paris, 2011

Essai sur les données immédiates de la conscience, PUF, Paris, 2007

Histoire de l'idée de temps. Cours au Collège de France 1902-1903, PUF, Paris, 2016.

Histoire des théories de la mémoire. Cours au Collège de France 1903-1904, PUF, Paris, 2018

La pensée et le mouvant, PUF, Paris, 2009

L'énergie spirituelle, PUF, Paris, 2009

Le rire. Essai sur la signification du comique, PUF, Paris, 2007

Les deux sources de la morale et de la religion, PUF, Paris, 2008

L'évolution créatrice, PUF, Paris, 2007

L'évolution du problème de la liberté. Cours au Collège de France 1904-1905, PUF, Paris, 2017

Matière et mémoire. Essai sur la relation du corps à l'esprit, PUF, Paris, 2008

Mélanges, PUF, Paris, 1972

 Publicado por Miño y Dávila editores
www.minoydavila.com